VERNOU

ET LE

CHATEAU D'ARGEVILLE

PAR

Franck MATAGRIN

———

MELUN

Albert HUGUENIN, Éditeur
9, Rue de la Gare, 9

—

1905

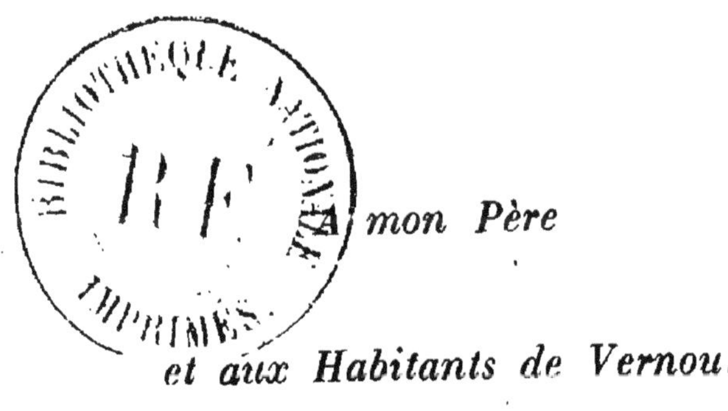

A mon Père

et aux Habitants de Vernou.

VERNOU-EN-BRIE

ET

LE CHATEAU D'ARGEVILLE

VERNOU

ET LE

CHATEAU D'ARGEVILLE

PAR

Franck MATAGRIN

———⸎———

MELUN

Albert HUGUENIN, Éditeur
9, Rue de la Gare, 9

—

1905

Cet Ouvrage est illustré

de Dessins de Charles de l'Epinois

et de planches en simili-gravure.

VERNOU-EN-BRIE

INTRODUCTION

Situé sur un contrefort de la Seine, encadré par les coteaux de la Turelle et Montgelard, Vernou-en-Brie se présente aux yeux de l'amateur d'art et du touriste, comme l'un des villages les plus pittoresques de la vallée.

Son antique clocher aux pierres noircies par le temps, surmonte une des églises les plus remarquables comme église de campagne. Ses voûtes, légères et gracieuses, s'appuient sur des piliers très fouillés comme travail, et la jolie rose, qui surmonte le portail, la recommande particulièrement à l'attention des visiteurs. Quelques rares *petits vitraux, d'une réelle valeur, ornent encore ses fenêtres et excitent, à juste titre, la curiosité des archéologues.*

A l'extérieur, et de loin, le clocher se détache harmonieusement des groupes de verdoyants peupliers qui bordent le fleuve; il dépasse de beaucoup

Vue de Vernou-en-Brie.

en hauteur les constructions environnantes, et devient ainsi le principal objet du panorama dont le fond est formé par les hauteurs du mont de Vernou et les teintes sombres du parc du Château d'Argeville.

Vernotum, Vernonum, Vernou, est un village charmant par la fraîcheur de son site, la limpidité des eaux de source qui sortent du parc de son vieux Château, la fécondité de son sol, les mystères et les solitudes de ses bois. Son nom dérive du mot celtique Vern, qui signifie aulne, probablement à cause de cette essence d'arbres qui aime les lieux humides et devait croître, autrefois, nombreuse dans ces parages. Vernou fit partie des domaines du Chapitre de Notre-Dame de Paris et son histoire est intimement liée à celle des biens ecclésiastiques dans cette région de Seine-et-Marne.

De L'Epinois.

CHAPITRE Ier

Origine du village. — Région boisée à laquelle il
appartenait. — Défrichements et action des moines,
du clergé régulier et séculier, dans la mise en
œuvre des terres. — Menses épiscopales et capitulaires.

V ERNOU, comme tous les villages qui l'en-
tourent, remonte à une très haute
antiquité. Ses premiers habitants obéirent, comme
les habitants de Celles (La Grande-Paroisse),
Tavers, Montgelard, La Turelle et autres lieux, à
cet instinct qui portait toujours les populations à
s'agglomérer sur les revers des coteaux, d'où l'on
pouvait voir venir de loin, se défendre; sur le bord
des fleuves et des rivières, qui étaient alors les
grandes routes et le grand véhicule servant au

déplacement des personnes, au transport des
denrées, des matériaux et des bois. Ce fut sur le
bord de ces cours d'eau que s'établirent les premiers *pagi*, les bourgs, qui devinrent plus tard les
villæ, les villages, et, pour quelques-uns, les
civitates, les villes. De là ces groupements
d'hommes libres qui, à l'origine, existèrent à
Vernou comme ailleurs, de colons, d'affranchis, de
lites, de serfs, qui concoururent à l'exploitation et
primitivement au défrichement des bois.

Vernou-en-Brie prit naissance dans une région
très boisée. Au nord du village s'étendait, comme
maintenant, une zone de marais et une vaste étendue de taillis et futaies. Dans le Polyptique de
Saint-Germain-des-Prés, nous trouvons trace d'une
grande forêt, qui, en 791, motiva un procès et un
jugement. Ce jugement, rendu par les *Missi Domi-
nici* de Charlemagne, termina en faveur de l'abbaye
de Saint-Germain-des-Prés, le différend ayant pour
objet « cette forêt, située dans le Melunais, nous
dit le Polyptique. » Charlemagne l'avait concédée
au monastère de Saint-Germain-des-Prés; elle
dépendait, comme les marais, du territoire de la
ville de Marolles-sur-Seine et le comte Ohbert, de
Melun, la détenait injustement. Elle fut rendue à
l'abbaye de Saint-Germain-des-Prés, et devait
s'étendre, comme aujourd'hui, sur la région de
Champagne, Graville, Valence et Saint-Martin

(Forges). — (*Polyptique de Saint-Germain-des-Prés*, page 203, tome I. — Tardif, *Carton des Rois*, page 70.)

Le village lui-même était entouré de masses boisées, dans lesquelles furent pratiqués des défrichements considérables. Ces défrichements s'expliquent par cette raison que les bois ne représentaient alors qu'une valeur très minime, et qu'il y avait un réel intérêt à les transformer en terres arables et en vignes qui rapportaient bien davantage. C'est ce que, dès l'origine, comprirent et appliquèrent les premiers possesseurs des immenses territoires qui formaient les biens ecclésiastiques, biens que rois et particuliers donnèrent à l'Eglise pour « le salut de leur âme » et qui constituaient à Vernou, comme à Rozoy-en-Brie et Barbeau, des domaines fort importants.

« Dans nombre de régions, nous dit Maury, dans
« son *Histoire des Forêts de la Gaule*, les moines
« furent les premiers agents des défrichements de
« bois, et la fondation des ordres religieux, les
« progrès de la vie monastique eurent une
« influence considérable sur la mise en culture des
« forêts. A l'instar des ascètes de l'Hindoustan qui
« choisissaient les forêts pour théâtre de leur vie
« de macération, de pieux solitaires cherchèrent
« chez nous, au cœur de certaines forêts, une

« retraite où ils pussent se livrer librement à leurs
« méditations et prières. Ils y vivaient parmi les
« larrons et les chasseurs dont les plaisirs venaient
« parfois les arracher au calme de la solitude. Ils
« étaient aimés et respectés par eux. Les ermi-
« tages furent remplacés plus tard par des monas-
« tères qui devinrent autant de centres agricoles.
« Les moines défrichaient autour d'eux; leur règle
« les astreignait à un travail manuel et les besoins
« domestiques les astreignaient à chercher du
« bois.

« Après les moines, le clergé régulier fut un des
« grands agents de déboisement; le clergé séculier
« l'accéléra de son côté, poussé par l'intérêt qu'il
« avait aux défrichements. Ayant droit à la dîme
« sur les parties mises en culture, il encouragea
« les serfs et les colons dans leur œuvre de
« destruction. Tout en veillant à la conservation
« des forêts qui faisaient partie de leur domaine,
« les autorités monastiques trouvaient avantage
« à abandonner de temps à autre, certains can-
« tons à la cognée et à la charrue du serf et du
« colon pour les concéder ensuite, sous réserves
« des dîmes et redevances, à des couvents, à des
« abbés.

« Les termes précis dans lesquels étaient faites
« les concessions, les délimitations rigoureuses

« des cantons à déboiser, prouvent que l'autorité
« ecclésiastique était aussi bonne aménagère des
« bois qu'instigatrice des défrichements utiles à
« l'agriculture. L'abbé auquel était accordé
« l'usage d'une forêt ou la défriche d'un de ses
« cantons, ne pouvait, sans la permission de
« l'évêque, défricher là où il devait simplement
« couper du bois, ni déraciner les arbres au-delà
« de l'espace qui lui était assigné.

« Le rôle civilisateur, l'action agricole des
« moines ne cessa que lorsque, enrichis par les
« efforts et les travaux de leurs devanciers, ils ne
« songèrent plus qu'à jouir paisiblement de leurs
« biens et abandonnèrent à des serfs la culture du
« sol dont ils consommaient les produits. L'opu-
« lence amena la paresse et les moines en enva-
« hissant à leur tour les forêts seigneuriales à titre
« d'usagers, obtinrent des seigneurs le droit
« d'abattre dans des forêts de plus en plus
« restreintes, les bois nécessaires à leur consom-
« mation et vinrent grossir la troupe déjà nom-
« breuse de ceux qui dévastaient les forêts sans les
« transformer en cela en fertiles guérets. (*Histoire*
« *des Forêts de la Gaule*, Maury, p. 122 et 123.) »

A Vernou, nous ne rencontrons pas l'action
directe des moines; les seuls documents que nous
relevions aux Archives Nationales sont ceux relatifs
à un droit de cens au profit des Chartreux de

Notre-Dame-les-Vauverts de Paris (1464) et ceux concernant les moines Cisterciens, de Preuilly, qui possédèrent un droit d'usage dans les bois et pâtures de Vernou (Document du XIIIe ou XIVe siècle).

Ils eurent même à ce sujet de sérieuses difficultés avec le Chapitre de Notre-Dame de Paris qui, dès les temps les plus reculés, fut propriétaire à Vernou de considérables territoires. Pour bien comprendre l'origine de cette propriété, une courte digression et un retour dans le passé sont forcément nécessaires.

Au moment de la chute de l'Empire Romain, le seul pouvoir, la seule autorité qui subsistât en Gaule comme ailleurs, c'était l'autorité ecclésiastique. L'évêque, dans chaque ville, constituait un chef, un protecteur et un juge. Au moment des invasions des Francs et des Germains, c'était près de lui et dans les églises que les populations effrayées venaient chercher aide et assistance. Il fallait compter avec cette autorité puissante, au point de vue matériel et moral, et devant elle les barbares eux-mêmes s'inclinèrent. Les premiers rois comprirent, eux aussi, qu'il était de leur plus grand intérêt de se ménager les bonnes grâces de l'Eglise, tout en travaillant à s'en servir et à la dominer.

Les Mérovingiens, les Carlovingiens, eurent pas mal de choses à se faire pardonner. Superstitieux comme ils l'étaient, craignant, à juste raison, pour le salut de leur âme, ils concédèrent aux évêques des terres considérables, afin de bénéficier de leurs prières et de leur intercession près de Dieu; les particuliers suivirent, eux aussi, leur exemple et donnèrent pour des prières, pour des anniversaires. C'est ainsi que se constituèrent ces domaines appelés « menses », dont Chilpéric blâmait ouvertement la trop grande étendue, parce qu'ils affaiblissaient le domaine du roi. Ce furent d'abord les menses épiscopales qui se divisèrent, en 829, en menses épiscopales et menses capitulaires, c'est-à-dire menses du chapitre lorsque, sous l'inspiration des idées de saint Augustin, évêque d'Hippone, furent créés les chanoines, les *canonici regulares*. Dans l'origine, l'évêque possédait tout; il abandonna une partie du temporel aux chanoines pour se consacrer au salut des âmes. Aux approches de l'an 1000, il y eut un redoublement de zèle à doter l'Eglise. « La fin du monde « approchant, nous dit un document non daté des « Archives Nationales (L. L., 77, p. 133) (*fine* « *mundi appropinquante*), le comte Eudes, de « Paris, voulant sauver son âme, restitue à « l'Eglise de Paris tous les biens que ses ancêtres « lui ont arrachés et il lui concède une rente de « 20 muids à prendre sur Vernou. » Ce document nous montre comment le Chapitre de Notre-Dame de Paris acquit des biens à toute époque sur Vernou. Il établit aussi d'une manière certaine les résistances qu'éprouvait le Chapitre qui était le rival de deux maîtres : l'Evêque et le Roi, et l'autorité incontestable et incontestée, ainsi que la puissance morale et matérielle de l'Eglise.

De L'Epinois..

CHAPITRE II

Donation par Childebert, roi de France, du territoire
de Vernou, à saint Germain, évêque de Paris. —
Attribution de cette seigneurie au Chapitre de Notre-
Dame. — Le culte de saint Fortuné à Vernou. —
Administration du Chapitre. — Doyen, Prévôts,
Maires et Sergents. — Grands défrichements, mise
en culture des terres et exploitation des moulins.

C'EST en janvier 531 que le roi Childebert
donna, par lettre patente, à saint Germain,
évêque de Paris, Celles (La Grande-Paroisse) et son
territoire, qui comprenait Vernou, Machault et
autres lieux circonvoisins. Childebert, tombé gra-
vement malade à Celles à l'époque et désespéré des
médecins, manda l'évêque de Paris, qui le guérit
par ses prières et l'apposition de ses mains. En
reconnaissance, Childebert dota l'évêque de cet
important bénéfice. Dans le principe, les biens de

l'évêque furent administrés par un prévôt qui habi-
tait Paris, au château de For-l'Evêque. Ce château
fut le siège de la juridiction épiscopale jusqu'en
1674 et était situé dans les parages de Saint-
Germain-l'Auxerrois. (ARCH. NAT., S. 281.)

Childebert, dans la lettre dont il a été précédemment question, ne se sert que de la dénomination de Celles pour transporter à l'évêque de
Paris, tout ce qu'il a possédé dans cette contrée.
Mais dàns la charte, il est dit que le roi donne à
l'évêque de Paris plusieurs basiliques, toute la
seigneurie de Celles, et il n'est guère permis de
douter, dans ces conditions, que Vernou,
Marangis, Machault et plusieurs autres seigneuries
ne fussent, dans l'origine, une seule et même
seigneurie, dont Celles était la principale partie et
le centre. Toutefois, les actes des XIe, XIIe et
XIIIe siècles, qui sont en grand nombre dans les
cartulaires et archives du Chapitre, ne parlent de
Celles que comme d'un membre de la seigneurie
de Vernou. Un bail à vie, fait par l'évêque et le
Chapitre de 6 menses et 19 arpents, sis à Celles,
est le seul document où ce lieu de Celles soit qualifié du nom seigneurial de *potestas*. Tous les
autres actes font envisager Vernou comme le siège
principal de toutes les possessions du Chapitre de
ce côté. Du reste, quand, en vertu du diplôme de
Charles-le-Chauve, de 851, le Chapitre commença
à établir des chanoines prévôts pour régir les

différentes seigneuries, il n'établit de prévôt qu'à Vernou, prévôt sous la juridiction duquel il rangea Celles et ses dépendances. On peut donc écrire, dans ces conditions, que Vernou fut, pour employer une expression moderne, le chef-lieu en titre de la seigneurie du Chapitre de Notre-Dame de Paris dans cette région. (ARCH. NAT., S. 281.)

Vue de Vernou-en-Brie.

Ce qui confirme encore la plus grande importance de Vernou-en-Brie, par rapport à Celles (La Grande-Paroisse), c'est que lors de la mort à Celles de saint Fortuné ou Fortunat, en 569, son chef fut confié à l'église de Vernou. Saint Fortuné ou Fortunat, évêque de Verceil, vint, à l'époque, se retirer à Celles. Il y acquit une grande réputation d'érudition et de piété. L'église de Vernou adopta son nom en conservant ses reliques et chaque année le village célèbre encore sa fête patronale. (*Semaine religieuse de Seine-et-Marne.*)

Mis en possession des territoires considérables à Vernou que les rois avaient donnés à l'évêque de Paris, et que celui-ci avait ensuite abandonnés au Chapitre, les chanoines en organisèrent l'administration et l'exploitation. Quant à l'exploitation, elle consista d'abord en défrichements. Ces défrichements étaient généralement confiés à des serfs, à des tiers payés à tant de l'arpent défriché. Ces serfs étaient autorisés à construire une masure, sur un arpent seulement, pour la durée du travail. Ce travail terminé, ils détruisaient la masure qui tombait en ruines et dont le sol était ensuite mis en culture.

Les terrains défrichés étaient alors confiés à des colons qui les cultivaient en payant au Chapitre une redevance annuelle en nature. Ces *tenures* étaient perpétuelles et les colons s'y succédaient de père en fils. Dans les cartulaires de Notre-Dame de Paris et aux Archives Nationales, nous trouvons de nombreux documents susceptibles de fournir des détails sur l'importance de ces défrichements qui atteignaient souvent 200, 300 et 500 arpents. Il y avait autour de Vernou, deux bois qui paraissaient être considérables : le bois de Saint-Germain et le bois de la Bienheureuse-Vierge-

Marie. Ils ont été défrichés en totalité. En 1219 et années postérieures, nous trouvons trace d'importants défrichements dans les cartulaires, et, dès 1202, nous relevons aux Archives Nationales, des notifications de donations de défrichements accordées par le roi et autres personnes à des tiers, moyennant salaire, avec, en retour, dîme et champart. Une surtout est curieuse, c'est celle de 1205 : « Philippe-Auguste fait savoir que le Chapitre a donné à Eudes, « le cuisinier », 120 arpents de sa forêt de Machault, à 22 pieds par perche, à défricher et réduire en terres labourables, à charge de payer 2 deniers de cens par arpent avec la dîme et le champart. » Ces défrichements, comme nous le voyons d'après ce qui précède, n'étaient pas toujours confiés à des serfs; ils servaient aussi parfois à éteindre des droits d'usage, moyennant cens en retour, sur les terrains défrichés, comme cela eut lieu en 1218, pour les habitants de Moret, qui avaient un droit d'usage dans les forêts de Vernou.

Toute cette administration, toute cette régie de biens ruraux sur Vernou, engendrait parfois des procès et des difficultés et exigeait une grande surveillance ; c'est ainsi que les chanoines de Paris instituèrent pour Vernou, dès les temps les plus reculés, doyen, prévôt, maire et sergent. Le doyen, « Decanus, » c'était l'élu du Chapitre, son contrôleur général, institué par l'évêque. Il sortait rarement de Paris et avait, la première fois qu'il inspectait les terres de Notre-Dame, le droit de procuration ou de gîte. Le droit de gîte, qui s'appliquait non seulement au doyen mais aussi à sa suite souvent très nombreuse, engendra de tels abus que le Concile de Trente le supprima totalement.

Sous le doyen il y avait le prévôt, généralement chanoine du Chapitre, qui avait droit de moyenne en basse justice; il tenait les assises, instituait les maires et était, en somme, un administrateur financier, civil et judiciaire. Le maire, c'était le délégué du prévôt, c'était un véritable fermier ayant la surveillance à cheval des moissons, la garde des prés et viviers, la perception des tailles. Quant aux sergents, *servientes*, ils avaient, en 1269, à Vernou, charge de garder les prisonniers, de faire les citations, de lever les amendes, d'arrêter les malfaiteurs. Voilà résumée, en quelques lignes, l'organisation administrative du Chapitre de Notre-Dame de Paris, à Vernou. Cette organisation subsista jusqu'en 1596, époque à laquelle, nous dit un document des Archives Nationales, Messieurs du Chapitre aliénèrent leurs terres de Vernou. Ils ne rentrèrent en possession de ces terres qu'en 1679.

Charles IX et ses successeurs rendirent, en effet, de 1563 à 1597, des édits ordonnant la vente au profit de l'Etat « des maisons, seigneuries, fiefs,

« justices, cens, rentes, terres, vignes, prez, bois
« et autres héritages et biens immeubles, appar-
« tenant aux archevesques, évesques, chapitres
« et communautés des Eglises, pour réparer les
« brèches faites au Trésor, par les guerres de
« religion, jusques à la somme de 100,000 escus
« sol de rente et revenu annuel, et à la condition
« que l'aliénation ne dépasserait pas le 1/4 des
« Revenus temporels des Bénéficiaires ainsi
« dépossédés. » Ces édits furent rapportés, mais
chaque communauté attendit plus ou moins
patiemment que l'état de ses finances lui permît de
rentrer en possession de ses biens. D'après le
document des Archives, la dépossession du Chapitre pour Vernou aurait duré de 1597 à 1679,
c'est-à-dire 82 ans. L'ordonnance de Henri IV, de
1606, reconstitua la puissance territoriale de
l'Eglise en autorisant la reprise, moyennant
indemnité, des Biens aliénés depuis 40 ans.

En dehors des terres, des vignes et des bois, le
Chapitre de Notre-Dame de Paris exploitait aussi
des moulins qui étaient nombreux dans la région.
On en comptait sept, d'après le plan de 1785, qui
figure aux Archives départementales : ces moulins
étaient le moulin de Nanchon, des Serpes, de
l'Eglise, du Bois, du Pré, de la Roche et de
Marangis. Dès 1258, nous lisons dans les Cartulaires « que Hugo et sa femme notifièrent avoir
« vendu au Doyen du Chapitre de Notre-Dame de

« Paris, pour soixante livres tournois et dix sous
« payés d'avance, le quart leur appartenant, du
« moulin de Nanchon, situé à Vernou, sur le terri-
« toire du Chapitre ». A la même époque, il est
question dans les chartes du moulin (de Rupe) de
la Roche. Ces deux moulins furent évidemment les
plus anciens. Le Chapitre les posséda tous et les
exploitait, soit directement, soit au moyen d'un
fermier en tenure. En 1791, le seul moulin qui
restait au Chapitre était le moulin de la Roche, qui
fut plusieurs fois aliéné et fit partie, en 1700, du
domaine de Beaurepaire.

Le Chapitre de Notre-Dame de Paris avait droit,
dans sa seigneurie de Vernou, de haute, moyenne
et basse justice. Ce droit lui est affirmé par plusieurs documents des Archives Nationales. Il
connaissait donc à ce titre de tous les procès civils
et criminels, sauf dans les cas réservés par le roi.

A Vernou et à Marangis, le Chapitre possédait
une maison seigneuriale dont il ne reste plus aucun
vestige et qui comprenait un auditoire et une
prison.

De L'Epinois.

Eglise de Vernou-en-Brie.

CHAPITRE III

L'Eglise de Vernou. — Les Chapelles de Saint-Fortuné
ou Fortunat, de Saint-Leu ou Saint-Loup. —
Maladrerie de Saint-Loup. — Les Croix de Saint-
Marc et de Saint-André.

Nous voyons, dans les Cartulaires de Notre-
Dame de Paris, qu'en 984, ou environ, et
1005, des autels furent concédés à Vernou et autres
lieux, par Elisiard, évêque de Paris, et Ragenolde,
archevêque de Sens. Ces autels étaient des chapelles qui ont évidemment disparu. Nous lisons
également dans les mêmes Cartulaires, t. 2, p. 228,
et dans *Gallia Christiania*, p. 60, qu'en 1176, Guy
des Noyers, archevêque de Sens, fonde une chapelle dans la maladrerie de Vernou, chapelle dont

Gauthier Cornu accorda la collation au Chapitre de Notre-Dame de Paris, en 1223.

Quant à la charmante église actuelle, tout porte à supposer qu'elle a été construite en trois fois, par le Chapitre de Notre-Dame de Paris. La partie

Vue intérieure de l'Eglise.

la plus ancienne est constituée par le clocher. Je ne saurais mieux faire, pour la décrire, que de citer ici la *Chronique des Evêques de Meaux*, par Monseigneur Allou, p. 387, au sujet de cette église : « Jolie église à 3 nefs ; le chœur et ses col- « latéraux du XIIIᵉ siècle. La nef refaite au XVIᵉ.

« Au portail, date de 1550, avec un H et un crois-
« sant qui annonce le règne de Henri II. » J'ajou-
terai qu'au-dessus de la date de 1550, existe l'em-
blème du sacré-cœur. Dans l'église, il n'existe
plus qu'une pierre tombale avec inscription, et une
plaque funéraire de Jean Darrémond, officier des
chasses de la capitainerie de Fontainebleau, mort
à Beaurepaire en 1719. Il était mon grand ancêtre
maternel. (*Voir volume Beaurepaire.*)

L'église était jadis beaucoup plus élevée comme
toiture que maintenant. Elle a été restaurée sous
le second Empire. La grande place qui la borde et
lui fait face, était autrefois le cimetière.

Sur les vieux plans de Vernou et en particulier
sur celui de 1785, nous voyons figurer deux croix
et deux chapelles. Ces croix étaient celles de
Saint-Marc, près du moulin des Serpes et de
Saint-André, près de Marangis; elles étaient sans
doute les derniers vestiges des autels ou petites
chapelles qui avaient existé là jadis. Quant aux
sanctuaires de Saint-Fortuné et de Saint-Leu ou
Saint-Loup, l'un se trouvait près de la Turelle, où
il existe encore une statue du saint, dans une
niche, l'autre sur la route de Vernou à Machault. Ce
dernier était contigu à la maladrerie ou léproserie
de Saint-Loup, hôpital qui fut vraisemblablement
créé à Vernou, comme en maints endroits, pour
les lépreux au retour des Croisades, et en faisait
sans doute partie. Les léproseries étaient desser-

vios par les Hospitaliers de Saint-Lazare, introduits en France, par Louis VII. Ces hospitaliers avaient pour insignes : une croix à huit pointes, émaillée de pourpre et de vert, brodée d'or, anglée de 4 fleurs de lys d'or et portant au centre, d'un côté, l'image de la Vierge et de l'autre celle de Saint-Lazare. La maladrerie de Saint-Loup possédait des terres, et un document des Archives Nationales (S. 4900. Dossier 18°), nous donne le texte de la déclaration des biens fonciers qui lui appartenaient à la date du 27 octobre 1586.

Avec le temps, la maladrerie et la chapelle tombèrent en ruines et, comme ces ruines étaient situées à l'écart, l'imagination des paysans, quelque peu superstitieux, ne tarda pas à se donner libre carrière pour inventer des histoires d'apparition du diable et de revenants. Un soir qu'il faisait très froid et qu'il ventait très fort, les paysans s'étaient réunis pour la veillée dans *la cave du fief Chollier*, au Montois, fief dont nos documents font mention. Assis, les uns sur des bancs rustiques, d'autres sur des billots dégrossis à coups de serpes ou sur des touffes de carex, ils regardaient la lueur fumeuse d'une chandelle plantée au centre dans un pieu fiché dans le sol. Accroupis sur eux-mêmes, ils écoutaient, dans un religieux silence, les récits d'une bonne vieille qui avait entendu un bruit de chaînes et vu des ardents, feux follets, du côté des ruines. « Pour certain,

« disait-elle, le malin est dans les ruines. Toutes
« les nuits, depuis déjà longtemps, on voit comme
« des langues de feu et l'on entend un bruit de
« ferraille véritablement infernal. Il ne ferait pas

Fief et Cave Chollier.

« bon s'y aventurer, on n'en reviendrait certaine-
« ment pas. »
Un grand gaillard qui écoutait sceptiquement
ces discours, se mit à rire : « Le malin dans les
ruines ! je voudrais bien le voir et la preuve de ce

que j'avance, c'est que de ce pas je vais aller à la chapelle Saint-Loup, et je dompterai le malin en enfonçant un clou dans une des marches en ruine de l'autel. » On affirmait alors, en effet, qu'il suffisait de remplir cette formalité en se signant en l'honneur de Monseigneur Saint-Fortuné, pour rompre tout maléfice.

S'étant muni d'un gros clou, d'un marteau et d'un falot, le gaillard jeta sa houppelande sur ses épaules et sortit malgré les protestations des paysans qui criaient : « C'est un insensé, il sera mort avant de planter le clou. »

Le vent soufflait avec rage et il faisait un froid glacial. Les minutes succédèrent aux minutes, et au bout d'une heure, le gaillard n'était pas encore de retour. « Il lui sera arrivé malheur, disent les plus robustes des paysans, allons-y voir. »

En moins d'un instant, les falots sont prêts cinq ou six des plus déterminés, armés de gros bâtons, s'élancent dans la direction des ruines. Ils appellent en y arrivant : l'écho seul répond. Ils entrent résolument et découvrent le malheureux tombé près de l'autel. Il était mort. Ses amis s'approchèrent pour le relever; il était retenu par son manteau.

Qu'était-il donc arrivé? Dans sa précipitation à poser son clou, et en le fixant à grands coups de marteau, il n'avait pas vu, à cause de l'obscurité, qu'un coin de son manteau s'était engagé sous le clou. Quand il voulut se relever, se sentant retenu, il crut que c'était le diable, le malin, qui s'emparait de lui et il en était mort de peur.

Telle était la légende qui courait à Vernou, au commencement du siècle dernier, sur les ruines de la chapelle de Saint-Loup. Elle est à mettre en parallèle de celle rapportée par Etienne Garnier, au XVIIIe siècle, relativement à une vieille tour carrée, où s'étaient jadis retirés des huguenots qui dévastèrent la région et dont le souvenir hanta longtemps l'esprit des habitants.

De L'Epinois.

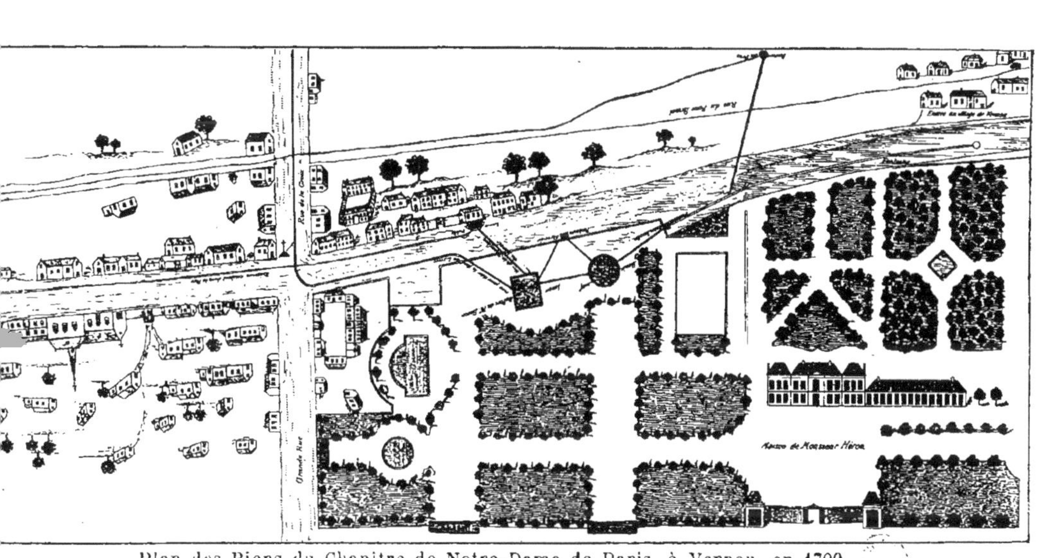

Plan des Biens du Chapitre de Notre-Dame de Paris, à Vernou, en 1700.

CHAPITRE IV

Importance des biens ecclésiastiques à La Grande-
Paroisse, Marangis et Vernou, de 1679 à 1791.

E 1679 à 1691, quelle fut, à Vernou, l'impor-
tance des biens du Chapitre de Notre-
Dame ? Le document qui suit, analyse des
Archives Nationales à Paris, nous fixe déjà sur
cette importance à La Grande-Paroisse et à
Marangis.

« En 1773, le Chapitre de Notre-Dame de Paris
« donna, à titre de ferme et loyer pour 9 années
« consécutives, commençant à la Saint-Martin
« d'hiver 1774, au sieur François-Martin Tonnel-
«‑lier, laboureur à La Grande-Paroisse, mari de
« Marie-Anne Letteron, étant alors à Paris, logé
« chez le sieur Lagroue, à l'auberge du *Cheval*
« *Rouge*, rue Geoffroy-Lasnier, parroisse Saint-

« Gervais, les terres et seigneuries de La Grande-
« Paroisse et Marangis, appartenant au Chapitre.

I. — GRANDE-PAROISSE.

« Ladite seigneurie anciennement dite *Celles* ou
« La Celle, aujourd'huy Grande-Paroisse, consis-
« tant :

« 1° En haute, moyenne et basse justice, ressor-
« tissante à la barre du Chapitre, appartenante
« auxdits sieurs bailleurs, seuls, hauts, moyens et
« bas justiciers et voyers d'icelle Seigneurie, telle
« qu'elle se trouve aujourd'hui bornée avec celle
« de Forges, par transaction et procès-verbal de
« bornage des 3 septembre et 25 octobre 1751, et
« par une nouvelle transaction du 13 mars 1752,
« passée devant Mᵉ Clément, notaire à Paris, avec
« celle de Varenne, par procès-verbal de bornage
« du 12 octobre 1759, reçu par Thibault, notaire à
« Montereau; avec le sieur Moron, seigneur de
« Valence, à cause du fief de Champigny-l'Hô-
« pitau, Chambry, par procès-verbaux d'arpen-
« tage et bornage des 28 avril et 2 mai 1758,
« reçus par d'Imbert, arpenteur au bailliage de
« Bray-sur-Seine, et ratifiés par mes dits sieurs
« de Chapitre, le 16 avril 1762; avec les sieur et
« dame d'Aumale, à cause de leurs fiefs dits de
« Rubrette et Du Vivier, par la transaction du
« 28 novembre 1759.

« 2° En maison seigneurialle, dite de Rubrette
« comme étant sise au bas du hameau de ce nom,
« en la Grand'-Paroisse, dont elle est aujourd'huy
« appellée l'Hôtel Seigneurial, consistant en un
« grand-corps d'édifice, salle basse, chambre ou
« chauffoir attenant, grande chambre haute où
« les officiers desdits sieurs du Chapitre, tiennent
« leurs audiences tous les mercredis, chambre du
« conseil à côté, grand grenier ou comble, pri-
« sons et cachots au rez-de-chaussée, écurie,
« cour, jardin, le tout ci-devant clos de murs et
« contenant environ 50 perches.

« 3° En 33 arpents 14 perches de terre labou-
« rable en 15 pièces.

« 4° Plus 7 arpents 25 perches de friches ou
« roche.

« 5° Plus 32 arpents 12 perches de prez et
« pâtures, en 12 pièces.

« 6° En une autre maison appartenant auxdits
« sieurs du Chapitre, appellée la ferme de
« Froide-Fontaine, scise en ladite Grande-
« Paroisse, entre la ville de Moret et celle de Mon-
« tereau, composée d'une grande cour, écurie,
« bergerie, vacherie, laiterie, grande grange,
« jardin et clos, contenant 72 perches.

« 7° En 148 arpents 16 perches de terres labourables, en 12 pièces.

« 8° En 16 arpents   78 perches de prez et
« pâtures, en 5 pièces.

« 9° En 20 arpents 5 perches de larry, les-
« quelz prennent à ladite ferme et se terminent
« par forme de langue jusqu'à la rivière.

« 10° Tous les cens et seulement le 1/3 des
« ventes, reventons, même des échanges dans la
« seigneurie de La Grande-Paroisse, plus le tiers
« des ventes, reventons, échanges et le tiers des
« lods dans l'étendue de la seigneurie de Marangis
« ensemble les rentes foncières seigneurialles, le
« tout sous les réserves et charges portées au
« présent bail.

« 11° 72 sols tournois de rente à prendre par
« chacun an, le jour de Noël, sur 12 arpents de
« terre labourable, faisant partie de 48 arpents en
« plusieurs pièces assises au terroir d'Echou-
« Boulin, au lieudit La Grande-Loge, dont le sur-
« plus appartenait à Messire Charles de Hacque-
« ville et par luy baillé à cens, sous le bon plaisir
« desdits sieurs du Chapitre, à raison de 6 sols
« par arpent.

« 12° 4 livres 4 sols parisis de rente foncière
« sur le fief des appentis et de Machécour, com-
« posé de 240 arpents mouvants de ladite Grande-
« Paroisse.

« 13° Les dixmes grosses et novelles tant de
« grains que de vins croissants dans toutte l'éten-

« due de La Grande-Parroisse, excepté sur les
« terres du Prieur-Curé, suivant la transaction du
« 6 mai 1572, duement homologuée, même celles
« des poix, fèves et vesses.

MARANGIS.

« 14° La terre et seigneurie de Marangis scise
« en ladite Grande-Parroisse, près ledit Montereau
« consistante en ce qui suit :
« En haute, moyenne et basse justice, ressor·
« tissante à la barre du Chapitre avec celles de La
« Grande-Parroisse, Vernou, Machau, suivant les
« lettres patentes du roi de 1676.
« En une maison seigneurialle, grange, écurie,
« étables à vaches et à porcs, bergeries, greniers
« dépendans de ladite maison seigneurialle, cou-
« verte de thuiles et jardin contenant 3 arpents
« 54 perches, y compris la pâture tenante à laditte
« maison.
« 15° En un moulin à eau, vis-à-vis de la porte
« de laditte maison seigneuriale avec ses tournants
« et travaillants et ustanciles faisant farine et
« autres ses apartenances et dépendances qui
« consistent en corps d'hôtel où est ledit moulin
« avec une écurie pour les chevaux.
« En la demeure du meunier, avec étables à
« vaches et à porcs, le tout couvert de thuilles, et
« aulnayes.

« 16° En 116 arpents 17 perches de terres
« labourables en 10 pièces.

« 17° En 5 arpents 75 perches de prez, en 3
« pièces.

« 18° En 4 arpents 25 perches, tant de bois
« taillis, que de haute futaye.

« 19° En 1 arpent 25 perches de friches, atte-
« nant ledit bois.

« 20° En 20 livres de rente à prendre sur une
« maison, sise à La Celle-sous-Moret, proche
« Vernou, à présent possédée par Jean Pocolle,
« vigneron audit lieu de La Celle.

« 21° En 15 livres de cens, payables le 2 novem-
« bre de chaque année, à prendre sur 30 arpents
« de terre labourable au lieu de 30 arpents de bois-
« taillis, scis au bois de Mouchavant, près Moret,
« lesquels bois ont été convertis en 30 arpents de
« terre labourable.

« Le Chapitre se rescervait :

« 1° L'institution et destitution de tous les offi-
« ciers de la justice, de tous droits de patronnage
« et de gardes de bois et chasse.

« 2° Les émoluments du greffe et tabellionnage.

« 3° Les droits d'aubaine, déshérence, bâtar-
« dises, confiscations, deffauts, saisines, amendes,

« forfaitures, aulnages, mesurage, rouage,
« comme aussi ceux de chasse et gruerie (1).

« 4° Tous les droits et proffits féodaux de
« requint, relief, de rachats, et généralement
« tous les droits utiles et honorifiques de justice
« et de seigneur.

« 5° Les droits de moulin et four bannaux.

« 6° Les 2/3 des ventes, reventons, même des
« échanges dans la seigneurie de La Grande
« Parroisse, ensemble les deux tiers des lods et
« ventes des reventons et des échanges dans la
« seigneurie de Marangis et le droit de faire ensai-
« siner par leur receveur des censives, seul et en
« son bureau à Paris, tous les contracts d'acquisi-
« tions et échanges de telle nature qu'ils puissent
« être pour la totalité des susdits droits.

« 7° La totalité des arrérages des droits sei-
« gneuriaux de cens, rente, lods, vente et
« échange. (Les lods et rentes étaient les droits
« que l'on payait au seigneur à la vente d'un héri-
« tage censier ou compris dans la censive.
« C'était, en général, le douzième du prix, parfois
« le sixième et à Paris le 5ᵉ).

Les Chartreux de Paris, avaient obtenu la paisible possession de la seigneurie de Marangis,

---

(1) Les droits d'aubaine et de bâtardise étaient les droits qu'avaient
le Seigneur ou le Roi sur les biens d'un aubain, c'est-à-dire d'un
étranger (*alibi natus*) et d'un bâtard défunts.

d'après   le document intéressant suivant, document qui nous révèle la date à laquelle ils commen-
cèrent à en être propriétaires :

« 30 mai 1478. — Lettres royaux obtenues par
« les religieux Chartreux de Paris, pour estre
« maintenus en la paisible possession et jouissance
« du fief, terre et seigneurie, corps d'hôtel, jardin,
« terre, moulin, cens, champarts, ventes de bled,
« avoine, justice, coutumes etc., assises à Maran-
« gis, paroisse de Vernou, desquelz ils étaient en
« possession dès l'an 1368 et auxquelz droits ils
« avaient été troublés depuis 2 mois, par les ser-
« gents et officiers du comte de Dampmartin, avec
« mandement pour faire adjourner au Parlement
« ledit comte de Dampmartin et ses officiers au
« Parlement de Paris. » (ARCH. NAT., S. 292.)

Ce document est complété par les énonciations
suivantes, émanant de la même source :

« 13 mars 1638. — Le Chapitre de Notre-Dame
« de Paris nomme Maitre Nicolas Barbier, notaire
« royal et procureur à Montereau, prévôt et garde
« de justice en sa terre et seigneurie de Marangis.

« 28 janvier 1660. — Le Chapitre Notre-Dame
« de Paris fournit à Messire René du Bec-Crespin-
« Grimaldy, chevalier, marquis de Wardes, sei-
« gneur comte, engagiste de Moret, foi et hom-
« mage de la terre et seigneurie de Marangis, sise

« en la paroisse de Vernou; relevant du roi en
« plein fief à cause de sa grosse tour de Moret.

(ARCH. NAT., S. 292.)

« Le Chapitre de Notre-Dame ayant acquis la
« seigneurie de Marangis, se vit obligé, par un
« arrêt du Parlement, en date du 6 septembre
« 1659, de payer au comte, engagiste de Moret,
« une somme de 2,000 livres pour les droits de
« quint et requint (1). »
(Quittance du 1er octobre 1668.)

(ARCH. NAT., S. 292.)

« Le 30 juin 1785, Pierre Guesnon, bourgeois
« de Paris, rue de la Croix, paroisse Saint-Nicolas-
« des-Champs, « pour jouir du bénéfice accordé
« par S. M., aux cultivateurs de terres incultes,
« par sa déclaration du 13 juillet 1766, déclara au
« greffe de l'Election de Melun, vouloir faire défri-
« cher 298 arpents 82 perches de terres, friches,
« marais et bruyères, actuellement incultes,
« situées en la paroisse de Vernou.

« Ces terres, friches, etc., lui avaient été don-
« nées à titre de cens annuel et perpétuel, par le
« Chapitre de Notre-Dame de Paris, le 26 février
« 1785, à la condition que le tout serait défriché
« en 4 ans. (ARCH. NAT., S. 281.) »

---

(1) Le quint et le requint étaient deux droits féodaux prélevés par le
Seigneur à chaque vente d'un fief relevant de lui. Le quint était
le 5e du fief vendu; le requint le 5e denier du quint.

En 1790, le Chapitre de Notre-Dame se déclara
propriétaire des biens ci-dessous, sur Vernou et
Marangis :

Seigneurie et Dîmes.

« 18 janvier 1790.

« Le doyen de Notre-Dame de Paris, en exécu-
« tion du décret de l'Assemblée Nationale du
« 13 novembre 1789, fournit la déclaration des
« dépendances de Marangis en la Grand'-Parroisse
« et Vernou, savoir :

« A). 15 l. de cens payable le 2 septembre de
« chaque année, à prendre sur 30 arpents ou en-
« viron de terres labourables, au lieu de 30 arpents
« ou environ de bois-taillis, sis au bois de Moucha-
« vant, près Moret, convertis en terres laboura-
« bles.

« B). Droits de fief du Vieil Château de Moret
« étant au bout du lieu de Rizier à Villecerf, en la
« censive de Mouchavant.

« C). 20 l. de rente à prendre sur une maison,
« sise à La Celle-sous-Moret, possédée par Jean
« Poil, vigneron.

« D). 7 arpents 50 perches ou environ de prés,
« sis à La Celle-sous-Moret, sur le bord de la
« Seine, lieudit Port-Villiers, en une pièce, non
« compris en cette pièce 32 perches ou environ
« qui servent de tirage aux chevaux, sur ladite
« rivière. (ARCH. NAT., S. 456).

« 22 février 1790.

« *Déclaration du Doyen de Notre-Dame de Paris.*

1°. — GRAND-PAROISSE.

« Seigneurie anciennement dite Celle ou La
« Celle, aujourd'huy Grand-Paroisse, sise dans
« les bailliage et coutume de Melun, consistante:

« 1° En haute, moyenne et basse justice; 2° la
« maison seigneuriale dite de Rubrette, comme
« étant sise au bas du hameau de ce nom et les
« dépendances de cette maison, le tout clos de
« murs et de la continence (*sic*), de 50 perches ou
« environ; 3° 33 arpents ou environ de terre
« labourable, en 15 pièces, 7 arpents ou environ
« de friches ou roche et 32 arpents ou environ de
« prés et pâture, en 12 pièces.

« 22 février 1790.

« *Déclaration du Doyen de Notre-Dame de Paris.*

VERNOU.

« La terre et seigneurie de Vernou, consistante
« en un vieil bâtiment faisant le manoir seigneu-
« rial avec ses dépendances et un petit jardin der-
« rière, contenant un quartier ou environ.

« Deux moulins à eau, l'un appellé des Serpes,
« autrement dit, sis sur le Ru des Messieurs, avec
« les prés, accints et jardins en dépendant; l'autre,
« appellé le Grand-Moulin de la Roche et prés en
« dépendant; dixmes en grains qui se perçoivent
« à la 13ᵉ gerbe ou 8 gerbes sur 104 et en vins à
« raison de 4 pintes et chopine par demie-queue,
« jauge d'Orléans et autres fruits décimables en
« ladite paroisse et seigneurie de Vernou, à l'ex-
« l'exception des dimes vertes de chariage; le
« territoire décimable de la continence de 800
« arpents ou environ. (ARCH. NAT., S. 458.)

3°. — MARANGIS.

« La terre et syrie de Marangis, sise en ladite
« Grand-Paroisse, près Montereau, consistante en
« haute, moyenne et basse justice, plus une
« maison seigneuriale, ses dépendances et jardin
« contenant 3 arpents 54 perches ou environ, y
« compris la pature tenante à ladite maison;

« — Un moulin à eau vis-à-vis la porte de cette
« dernière maison· seigneuriale, ses dépendances
« et jardin dépendant du tout et aulnaye, de la
« continence avec l'aulnaye de 2 arpents 25 per-
« ches ou environ. — 116 arpents ou environ de
« terre labourable, en 10 pièces, 5 arpents
« 75 perches ou environ de prés en 3 pièces,
« 3 arpents 25 perches ou environ tant de bois-

« taillis que de haute futaye en une pièce ; 1 arpent
« ou environ de friche. — Droits de cens, de lods
« et ventes, reventes et autres droits utiles et
« honorifiques sur ladite. syrie de Marangis
« comme sur celle susdite de Grand-Paroisse.

(Arch. Nat., S. 457.)

En 1791, d'après les Archives départementales
de Seine-et-Marne, les biens ecclésiastiques sur
Vernou et Marangis, pouvaient se résumer ainsi :

Biens du clergé régulier, du Chapitre de
Notre-Dame de Paris, confisqués et déclarés biens nationaux en 1791, sur la
commune de Vernou.

Pas de biens d'émigrés.

A. — *Ferme et métairie de Marangis* (maison
ci-devant seigneuriale et bâtiments), loués à
Jacques Fournier, par l'abbé *Ollivier*, curé de
Vernou, à l'époque *fermier général du Chapitre de
Notre-Dame de Paris*.

B. — *Moulin de Marangis, situé en face.*

C. — *Maison seigneuriale de Vernou*, consistant
en un vieux bâtiment en ruines où était *une prison
une chambre auditoire* au-dessus et *un petit
jardin* séparé de l'église et du cimetière par une
rue.

D. — *Deux moulins à eau :* 1° *sur le rû des Messieurs,* dit *Moulin des Serpes;* 2° *Moulin de la Roche.*

E. — *Eglise, cimetière, presbytère et jardin* de la cure.

F. — *Terres et prés* partagés entre les divers particuliers en 1794, et se montant à environ 300 arpents.

Les mêmes Archives nous fournissent une partie seulement de la liste de ces biens ecclésiastiques adjugés à des particuliers, déclarés biens nationaux en 1791 :

BIENS
DU CHAPITRE DE NOTRE-DAME DE PARIS

Adjudications faites par le Directoire du District de Nemours.

DATES	DÉSIGNATION	ACQUÉREURS	PRIX
26 Mars 1791	Moulin et ferme de Marangis.	Delabeaume Louis-Augustin, demeurant à Vernou.	L. 25.500
»	Moulin des Serpes, 1 arpent de pré.	Louvet Claude. Id.	9.025
»	Grand moulin de la Roche, 6 quartiers de pré.	Baudouin Louis-Charles, meunier à Vernou, agissant pour Achille-Pierre Dionis du Séjour. Id.	10.000
»	9 arpents 15 perches dépendant de la cure de Vernou.	Jean Venet. Id.	3.950
3 Avril	87 perches 1/2 de pré; 50 id. de terre.	Collinier Bon-François, à Vernou.	600
20 nov. 1792	Manoir seigneurial de Vernou.	Edme Bezault, vigneron, à Vernou.	520
		A reporter......	49.595

DATES	DÉSIGNATION	ACQUÉREURS	PRIX
			L.
		Report.....	49.595
28 Germinal an III	2 arpents de terre 75, (Les Clozeaux-de-Saiut-Loup).	Jacques Fournier, à Vernou.	435
»	3 arpents. Id.	Id.	4 500
»	2 arpents. Id.	Bonnissant Marc-François, de Moret.	4.000
»	2 arpents 75, lieudit Les Grands-Champs.	Jacques Fournier, de Vernou.	5.500
»	2 arpents 75. Id.	Bonnissant, de Moret.	4.500
»	1 arpent. Id.	Pierre Grenoté, manouvrier.	2.525
»	75 perches de pré, lieudit La Vallée-de-Nargeau.	Claude Montcourt, vigneron à Veneux-Nadon.	7.500
»	1 arpent de pré. Id.	Jean Venet, à Vernou.	11.600
»	1 arpent de pré. Id.	Jérôme-Mathieu Prieur, vigneron aux Sablons.	13.000
»	1 arpent de pré. Id.		
»	1 arpent 17 pré, vallée Nargeau.	Vincent Lacial, cultivateur à Vernou.	7.375
»	1 quartier pré. Id.	Fortuné Garnier, vigneron à Vernou.	8.000
»	5 quartiers pré, vallée Nargeau.	Jacques Fournier, cultivateur à Vernou.	7.500
		A reporter.....	126.030

DATES	DÉSIGNATION	ACQUÉREURS	PRIX
			L.
		Report.....	126.030
28 Germinal an III	9 perches pré, vallée Nargeau.		
»	16 perches. Id.	Louis Mesnu, à Vernou.	1.750
»	12 perches 1/2 et 2 quartiers. Id.		
»	6 quartiers. Id.	Pierre Varlet, tailleur à Veneux-Nadon.	16.200
»	5 quartiers pré. Id.	François-Marc Bonnissant, Moret.	5.500
»	75 perches pré (lieudit Pré-de-Coudré.)	Jacques Bougréau, vigneron à Vernou.	2.550
»	14 perches pré (Vallée Nargeau.)	Edme Bezault fils, vigneron à Vernou.	500
»	30 perches pré. Id.	Edme Parquet, vigneron à Vernou.	570
»	30 perches pré. Id.	Germain Rabotin, vigneron aux Sablons.	1.075
»	75 perches pré. Id.	Jacques Fournier, laboureur à Vernou.	3.200
»	50 perches pré (Les Coudré.)	François-Marc Bonnissant, de Vernou.	625
		A reporter.....	152.000

DATES	DÉSIGNATION	ACQUÉREURS	PRIX
			L.
		Report.....	152.000
28 Germinal an III	50 perches pré (La Fontaine-Saint-Martin)	Edme Bordelier, manouvrier à Vernou.	410
»	50 perches de pré (La Fontaine-Saint-Martin.)	Edme Parquet, vigneron à Vernou.	2.500
12 Thermidor an IV	Cure de Vernou. Bâtiment, jardin et terre (presbytère.)	Marc Bonnissant, de Vernou.	4.720
23 Fructidor an IV	Maison d'école derrière l'Eglise, servant aux écoles.	Louise Meignen, de Vernou.	400
		TOTAL......	160.030

En 1794 (le 1er pluviose de l'an IIIe de la République française) eut lieu le partage des biens communaux de la commune de Vernou.

Le libellé de la couverture du procès-verbal dudit partage, est conservé aux Archives de la mairie de Vernou : il est ainsi conçu :

« Acte de partage des biens communaux de la
« commune de Vernou, fait en vertu de la loy du
« 10 juin 1793, entre les 598 individus portés
« audit procès-verbal, le 1er pluviose de l'an 3e ou
« 1794. »

« Procès-verbal de mesurage, arpentage et
« divisions des biens communaux de la commune
« de Vernou, district de Nemours et canton de
« Moret.

« Experts : Henri Héroux ; Louis Héroux,
« arpenteur - géomètre; Louis - Etienne Penancier,
« de La Grande-Paroisse.

« Pour Vernou : Fortuné Garnier, Edme Par-
« quet.

« Terres labourables : 225 arpents 84 perches.

« Et en chemins, 3 arpents 36 perches.

« Total général de toutes les terres commu-
« nales, partagées au lieudit : La Plaine.

« Labourables ou non.

« Labourables : 273 arpents 56 perches.

          « Fait, clos et arrêté par nous, experts et
              « judiciaires, le 1er pluviose de l'an 3e,
              « de la République Française, une et
              « indivisible.
              « Signé : GARNIER, Edme PARQUET, L.
                  « HÉROUX, HÉROUX, PENANCIER, géo-
                  « mètre.

Voilà comment disparurent du domaine ecclésiastique au profit des habitants de la commune de Vernou, ces grands territoires que le Chapitre de Notre-Dame de Paris y avait si longtemps possédés, qu'il avait si intelligemment transformés et administrés, et, qui, après avoir fait vivre une foule de tenanciers, après avoir, sous les rois, puissamment aidé le Trésor dans les moments difficiles, devenaient à la suite de la plus brutale des confiscations (il faut le reconnaître), une source de richesse pour les petits particuliers. Il est impossible, en raison des considérations qui précèdent, de nier que la puissance territoriale de l'Eglise fut précieuse pour notre pays à toute époque, et que le budget des cultes n'était qu'une très faible compensation des immenses sacrifices imposés à cette même Eglise par nos pères.

Quelques années avant la Révolution, ces Communaux de la Plaine de Vernou, dont nous venons de parler, donnèrent lieu à un curieux incident et faillirent occasionner un gros procès. Le chapitre de Notre-Dame de Paris, prévoyant sans doute, d'après la tournure des événements, que ces bois, terres et pâturages, lui seraient enlevés, et voulant en tirer parti avant d'être dépossédé, les vendit à M. le Comte Rolland, propriétaire de la Maisonneuve. Le Chapitre en avait-il le droit? Certainement; mais il devait néanmoins compter avec un droit de cens régulièrement payé sur ces terres par les habitants de Vernou depuis 1483, droit de cens dont le corrélatif était la jouissance perpétuelle de ces territoires.

Se prévalant de son titre authentique lui transférant la propriété sans réserves, M. le comte Rolland se mit en œuvre pour délimiter son nouveau domaine. Les habitants de Vernou lui transmirent alors leurs observations, requêtes et doléances. L'acquéreur, se croyant malgré tout dans son droit, d'autant plus dans son droit, que les chartes consacrant le droit de jouissance avaient disparu, enlevées on ne sait par qui, mais probablement par le Chapitre plus intéressé que tout autre à cette élimination, passa outre. Il parcourut la plaine avec son personnel, et, fixant lui-même ses limites, fit creuser un large fossé de séparation. Les habitants de Vernou, ayant appris cette prise de possession, se transportèrent en masse avec pelles et pioches à l'endroit où le fossé avait été creusé et, malgré les protestations, le comblèrent immédiatement. L'affaire fut alors portée devant le Parlement, traîna en longueur, et tomba par la force des choses car, comme nous l'avons vu, les Communaux de la plaine furent en 1794 partagés entre les divers particuliers. (Archives de la Mairie de Vernou. — « Causes et moiens d'appel servant d'avertissements que mettent et donnent par devant vous nos seigneurs de parlement en la grande Chambre (7 août 1786). — Salvations de causes

et moiens d'appel que mettent par devant vous,
nosseigneurs de parlement en la Grand'Chambre
(29 juillet 1789). » Procès Rolland).

CHAPITRE V

***

Familles fort anciennes domiciliées sur Vernou. — Personnes notables enterrées dans l'église et le cimetière. — Maires de Vernou. — Prêtres ayant desservi la cure.

***

EN compulsant les actes de l'état civil de Vernou, on constate l'ancienneté parfaitement authentique de nombre de familles dont les descendants habitent encore cette commune. Je citerai les familles Moriceau, Bigeard, Delouche, Randon, Garnier, Parquet, dont on retrouve de nombreuses traces dès et avant 1680. On se mariait beaucoup, on naissait de même à Vernou. J'aurais mauvaise grâce, en écrivant l'histoire de ce pays, de ne pas rendre hommage au souvenir de tous ces braves gens que connurent et aimèrent ceux qui m'ont précédé, et avec lesquels aussi ils ont reposé de l'éternel sommeil soit dans l'église, soit dans le cimetière de la paroisse. Leur mémoire est chère à mon cœur comme elle le fût à celui de mes vieux parents, Darrémond et Cardinal de Beaurepaire qui, bien souvent intervinrent comme témoins, comme amis, dans les actes qui consacraient leurs joies et leurs peines. Je reporte sur leurs descendants, mes contemporains, toute notre affection, et je les assure encore de tout mon dévouement, de toute mon amitié, en leur consacrant ces lignes.

Voici la liste complète des personnes notables de la paroisse de Vernou, avec actes à l'appui, qui furent inhumées tant dans l'église que dans le cimetière. De nombreuses pierres tombales ont disparu et je fais toutes mes excuses au lecteur de n'avoir pu remonter dans mes recherches à ce sujet au-delà de 1719, époque à laquelle Jean Darrémond, officier des Chasses de la capitainerie de Fontainebleau, mort à Beaurepaire, fut inhumé dans l'église.

EXTRAITS DU GREFFE DE FONTAINEBLEAU

COMMUNE DE VERNOU

28 janvier 1741

Leduc LOUIS

Le 28 janvier 1741, a été inhumé dans l'église de cette paroisse, Monsieur Louis Le Duc, âgé de quarante-quatre ans, propriétaire de l'Epinette, fils de Monsieur Louis Leduc et de dame Rialand, ses père et mère, décédé à la Maison neuve de cette commune, le vingt-six du présent mois. L'inhumation faite en présence de Messieurs les Curés de Champagne et de La Celle et du révérent Père Jérôme Muller, religieux du couvent des Récollets de Montreau et de Monsieur Cardinal, Receveur du Canal de Moret, qui ont signé avec nous :

Letellier C. S. C. Cardinal.

J. Bernard, curé de La Celle ; fr. Jérôme Muller, Récollets.

Leclerc, curé de Vernou.

10 mai 1742

S. D. Jeanne VANMIERTE

Le dix may, a été inhumé dans le cimetière de cette paroisse, dame Jeanne Vanmierte, veuve de deffunt Messire Jean Darrémond en son vivant, conseiller au présidial de Melun et Officier des Chasses de la capitainerie de Fontainebleau, décédée à Beaurepaire, âgée de soixante-quatre ans ou environ, en présence de Mr François Cardinal, Receveur du Canal de Moret, Marie-Françoise Darrémond et Marie-Jeanne Darrémond, ses filles ; de Messieurs les curez de Champagne, Montarlot, de Forges, de Saint-Jean-lès-Montreau et de La Celle et de dame Françoise Darrémond, espouse de Mr de Marle, sa belle-sœur, qui ont signé avec nous :

> Muichin, curé de Montarlot; M. S. Darrémond; Cardinal.
>
> J. Besnard, curé de La Celle ; Darrémond ; Cardinal ; Le Tellier S. C. S.
>
> Morre; Demarle; M. J. Darrémond; Le Clerc, curé de Vernou ; Maignent.

14 août 1745

S. D^e Marie CATHERINET

Le 14 août 1745, a été inhumé dans l'église de cette paroisse, demoiselle Marie Catherinet, âgée de dix-sept ans, fille de Messire Jean-Baptiste Catherinet, conseiller du Roy et substitut de Monsieur le Procureur général du Parlement de Paris et de deffunte dame Nicole-Barbe Desgerellons, ses père et mère, en présence de Messire Louis-Vincent Catherinet, Prêtre, docteur en Théologie maison Société de Sorbonne, son oncle, de Monsieur François Cardinal, Receveur du Canal, son cousin issu de germain à cause de Madame son épouse, de Monsieur Jean-Baptiste Guénaud, clerc tonsuré de ce diocèse et aultres qui ont signé avec nous :

Cardinal ; Bigcard.

Guenaud ; f. Lherbier.

Leclerc, curé de Vernou.

28 août 1745

S. D. Julle-Prudent CATHERINET

Le 28ᵉ août 1745, a été inhumé dans l'église de cette paroisse, M. Julle-Prudent Catherinet, âgé de seize ans ou environ, fils de Messire Jean-Baptiste Catherinet, conseiller du Roy, substitut de Mʳ le Procureur général du Parlement de Paris et de dame Nicole-Barbe Desgerellons, ses père et mère, en présence de Monsieur François Cardinal, receveur du canal de Moret, son cousin issu de germain à cause de Madame sa femme, de Monsieur Jean-Baptiste Guénaud, clerc tonsuré de ce diocèse, de Monsieur Jean-Antoine Lamy, bourgeois de Paris et aultres, qui ont signé avec nous :

Signé Bigeard; Cardinal.

S. Lherbier; J.-A. Lamy.

Guénaud ; Leclerc, curé de Vernou.

19 mars 1762

S. D. Jean-Baptiste CATHERINET

Cejourd'huy dix-neuf mars mil sept cent soixante et deux, a été inhumé dans l'église de cette paroisse, par nous curé soussigné, le corps de Messire Jean-Baptiste Catherinet, écuier sieur de Venneveau, conseiller du Roy, substitut de Monsieur le Procureur général du parlement de Paris, demeurant ordinairement à Paris, rue Mazarine, paroisse S'-Sulpice, décédé d'hier en la maison de la Maison neuve de cette paroisse, âgé de soixante et neuf ans ou environ, veuf de feüe dame Barbe-Nicolas des Goullons, en présence de Messire Jean-Batiste-Etienne Catherinet, écuier, son fils, de Messire Louis Joubert, chevalier, seigneur de Villemoret, son ami, de Messieurs les curés de Thomery, Champagne, et La Celle, de Monsieur Macarty, chapelain d'Argeville, soussignés avec nous.

> Joubert, de Villemoret; J.-B.-E. Catherinet.
>
> Rocher, curé de Vernou.
>
> Doulet, curé de Thomery; Esternel, curé de Champagne.
>
> Ciene, curé de La Celle; J. Mac Carthy.

8 juin 1757

S. Dᵉ Marie-Françoise Darrémond

Le 8ᵉ juin 1757, a été inhumé dans le cimetière de cette paroisse, dame Marie-Françoise Darrémond, âgée de quarante-un ans et quatre mois, décédée le 6ᵉ de ce mois, à deux heures après minuit, en la maison de Beaurepaire, en cette paroisse, épouse de Mʳ Petit, officier de la Reine, en présence de Monsieur Cardinal, Receveur du Canal de Moret, son beau-frère, de Monsieur Jean Catherinet, écuyer, sieur de Vennevaux, conseiller du Roy, substitut de Monsieur le Procureur général, son cousin germain, de Mʳˢ les Curés de Forges, de Saint-Jean-lès-Montreau, de La Celle et de Valence, qui ont signé avec nous :

Cardinal; Catherinet.

M.-F. Cardinal; Besnard, curé de La Celle; Regnault, curé de Valence.

Leclerc, curé de Vernou.

21 octobre 1757

S, D. Gaspard, ALPHONS

Le vingt et unième octobre mil sept cent cinquante-sept a été inhumé dans l'Eglise de cette paroisse, Messire Gaspard Alphons, âgé de trente-sept ans ou environ, fils de deffunt Messire Alphons, en son vivant trésorier de Notre Saint-Père le Pape, en sa ville et légation d'Avignon, et de dame Françoise Aufossy, ses père et mère, épouse en secondes noces de Messire Pierre-Gabriel Peithon, écuyer, conseiller secrétaire du Roy, maison couronne de France et de ses Finances, en présence de Messire Anne-Joseph Peithon, écuyer, conseiller du Roy et Trésorier g^{al} des bâtimtnts, jardins, arts et manufactures de Sa Majesté, son frère utérin, de Messire Simon-Georges Peithon, lieutenant de Monsieur le grand Veneur de Franse, et seigneur usurfruitier d'Argeville, de Monsieur Armand-Joseph Goudard, écuyer, ses amis, de Messieurs les curez de la Celle, de Champagne, de Monsieur Lamelle et de Monsieur Audinet, vicaires de Moret, et du Reverend père Tivel, cordellier, desservant de Saint-Mammès, qui ont signé avec nous.

J. Besnard, curé de La Celle.

Lamet, vicaire; Goudard; Leclerc, curé de Vernou.

Peithon; Delaplace.

Peithon; Estornel, curé de Champagne,

19 mars 1762

S. D. Jean-Baptiste CATHERINET

Cejourd'huy dix-neuf mars mil sept cent soixante et deux, a été inhumé dans l'église de cette paroisse, par nous curé soussigné, le corps de Messire Jean-Baptiste Catherinet, écuier sieur de Venneveau, conseiller du Roy, substitut de Monsieur le Procureur général du parlement de Paris, demeurant ordinairement à Paris, rue Mazarine, paroisse S'-Sulpice, décédé d'hier en la maison de la Maison neuve de cette paroisse, âgé de soixante et neuf ans ou environ, veuf de feüe dame Barbe-Nicolas des Goullons, en présence de Messire Jean-Batiste-Etienne Catherinet, écuier, son fils, de Messire Louis Joubert, chevalier, seigneur de Villemoret, son ami, de Messieurs les curés de Thomery, Champagne, et La Celle, de Monsieur Macarty, chapelain d'Argeville, soussignés avec nous.

Joubert, de Villemoret; J.-B.-E. Catherinet.

Rocher, curé de Vernou.

Doulet, curé de Thomery; Esternel, curé de Champagne.

Cienc, curé de La Celle; J. Mac Carthy.

6 janvier 1766

S. D. Françoise-Agathe

L'An mil sept cent soixante-six, le six janvier, a été inhumé dans le cimetière de cette paroisse, le corps de Françoise-Agathe, fille de François Gaspard, officier de la vénerie du Roy, et de Françoise Guller, ses père et mère, décédée la veille; en présence de Louis Corneau et Magdeleine Aupinot, son épouse et nourrisse de l'enfant, qui ont déclaré ne savoir signer.

Rocher, curé de Vernou.

25 janvier 1782

———

Inhumation de Jean-François BLAISE, curé de Vernou.

———

L'An mil sept cent quatre-vingt-deux, le vingt-cinq janvier, a été inhumé dans le cimetière de cette paroisse, par nous, Prêtre desservant de Saint-Mamès, à la réquisition de M. le curé de Moret, qui avait été invité de ce faire, par M. le Doyen d'Héricy, le corps de M. Jean-François Blaise, Prêtre, curé de cette paroisse, âgé d'environ trente-huit ans, décédé le jour d'hier ; ont assisté à ses funérailles, M° Pierre-Louis Renot, avouée en Parlement, lieutenant de la Justice, M° Antoine-Eloy Ragan, procureur fiscal de ladite Justice, Jean-Baptiste Attenue, sergent, sieur Claude Louvet, meunier, qui ont signé avec nous.

Mesme ; Claude Louvet.

Renot ; Laurent, desservant de Saint-Mammès.

Je mentionnerai également Mouflé de Champigny, conseiller du roi, mort aux Besnières, le comte Rolland d'Erceville, et plus récemment, six membres des familles Bontus et Crosse, qui furent inhumés à Vernou.

De 1700 à 1800, les curés qui se succédèrent à Vernou, furent les abbés Leclercq, Rocher, Blaise et Ollivier. Le dernier était un homme fort intelligent, mais sur l'esprit duquel les événements de 1791 eurent une influence profonde. Fermier général du Chapitre de 1787 à 1790, il quitta à contre-cœur l'état ecclésiastique au moment de la Révolution, devint membre du Conseil général et officier public de la commune de Vernou, et se maria le 22 ventôse an II, avec Françoise Régnier, fille d'un cultivateur. De ce mariage naquirent trois enfants. Voici leurs actes de naissance :

27 floréal an III

Naissance de ANTOINE-JOSEPH OLIVIER

Cejourd'huy douze floréal de l'an troisième de la République Françoise, une et indivisible, à sept heures du soir, par devant moi, Edme Parquet, maire de la commune de Vernou, département de Seine-et-Marne, faisant les fonctions d'officier public de ladite commune, est comparu en la maison commune, Antoine-Pierre Olivier, officier municipal, lequel assisté de Joseph Bontus, fermier général du domaine d'Argeville, âgé de trente-deux ans et d'Antoinette Bernard, son épouse, âgée de trente et un ans, tous deux domiciliés dans la commune de Paris, a déclaré à moi, Edme Parquet, que Françoise Régnier, son épouse en légitime mariage, est accouchée hier, à dix heures du soir, en son domicile, d'un enfant mâle qu'il m'a présenté et auquel il a donné le prénom d'Antoine-Joseph. D'après cette déclaration que le citoyen Joseph Bontus et la citoyenne Antoinette Bernard, témoins, ont signé avec moi. Fait en la maison commune de Vernou, les jour, mois et an cy-dessus.

Signé : Joseph Bontus; Olivier.

Antoinette Bernard; Parquet, maire de Vernou.

27 fructidor an IV

Naissance de FRANÇOISE-AUGUSTINE OLIVIER

Cejourd'huy vingt-sept fructidor de l'an quatre de la République Françoise, une et indivisible, à dix heures du matin, pardevant moi Pierre Boudiour le jeune, adjoint municipal de la commune de Vernou, département de Seine-et-Marne, est comparu le citoyen Antoine-Pierre Olivier, agent municipal de ladite commune de Vernou, lequel assisté de Alexis Grattard, commerçant, âgé de trente-deux ans, domicilié dans la commune de Vernou, et de Marie-Jeanne Bezou, âgée de quarante ans, épouse de Louis Timbert, vigneron, a déclaré à moi, Pierre Boudiour, adjoint municipal, que son épouse en légitime mariage, Françoise Regnier, est accouchée hier dans son domicile, heure de midi, d'un enfant femelle qu'il m'a présenté et à laquelle il a donné le prenom de Françoise-Augustine. D'après cette déclaration que les témoins sus-nommés ont certifié conforme à la vérité, et la présentation qui m'a été faite de l'enfant sus nommé. Fait en vertu des pouvoirs qui me sont délégués, rédigé le présent acte que le citoyen Antoine-Pierre Olivier, père de l'enfant et les susdits témoins ont signé avec moi. Fait à la maison de l'agence municipale, les jour, mois et an cy-dessus.

Signé : A. Grattard ; Boudiour, adjoint municipal.

M.-J. Bezou ; Olivier.

10 thermidor an X

Naissance de MARIE-ANNE-CAROLINE OLIVIER

Acte de naissance de Marie-Anne-Caroline Olivier, née
le dix thermidor en l'an X, à onze heures du soir, fille
de Antoine-Pierre Olivier, maire de la commune de
Vernou, et de Françoise Régnier, son épouse en légitime
mariage. L'enfant a été reconnu être du sexe féminin.
Premier témoin : Jean Venet, demeurant à Vernou,
profession de cultivateur, âgé de cinquante-cinq ans ;
second témoin : Marie-Anne Cochet, demeurant à Vernou,
femme de Jacques Fournier, profession de cultivateur,
âgée de quarante et un ans.

Constaté suivant la loi par nous, Jacques Fournier,
adjoint de la commune de Vernou, faisant les fonctions
d'officier public de l'état civil, sur la réquisition à nous
faite par ledit Antoine-Pierre Olivier, père de l'enfant ;
et ont, lesdits requérant et témoins signé avec moi,
à l'exception de Marie-Anne Cochet, qui a déclaré ne
savoir signer, de ce requis.

Signé : Olivier ; Fournier, adjoint ; Jean Venet.

Marie-Anne-Caroline Ollivier fut la grand'mère
de Monsieur Randon, ancien instituteur et ancien
maire de Vernou : il a été pour moi un précieux
chroniqueur dans l'élaboration de cet ouvrage.

Antoine-Pierre Ollivier, ancien curé de Vernou, mourut le premier jour complémentaire de l'an X. Voici son acte de décès :

1er jour complémentaire an X

Décès de Antoine-Pierre OLIVIER

Du premier jour complémentaire de l'an dix de la République Française, acte de décès de Antoine-Pierre Olivier, décédé le premier jour complémentaire, à six heure du soir, profession de Maire, âgé de soixante-trois ans, né à Loulle, département du Jura, demeurant à Vernou, fils de Jean-Baptiste Olivier, notaire, cultivateur et de Marie Chauvin, ses père et mère. Constaté suivant la loi, par nous, Jacques Fournier, faisant provisoirement les fonctions de Maire, faisant les fonctions d'officier public de l'état civil, sur la déclaration à nous faite par Françoise Reigner, épouse du défunt, demeurant à Vernou, âgée de trente-sept ans, qui dit être épouse du dit défunt, et par Georges-Nicolas Bureau, percepteur, âgé de cinquante-sept ans, qui dit être instruii du décès du dit défunt, et ont, les dits déclarans, déclaré signer avec nous à l'exception de la dite Françoise Reigner, qui a déclaré ne savoir signer de ce requis.

Signé : Bureau et Fournier, adjoint.

De 1792, époque à laquelle une partie du clocher de Vernou s'écroula, jusqu'en 1905, nous ne relevons rien d'important, à part la restauration de l'église en 1869, restauration pour laquelle l'Etat donna 3,000 francs, et la découverte, en 1895, par Toulouze, de 40 sépultures, avec fragments de poterie et boules de métal, qui ont prouvé l'origine gallo-romaine de ce village. « ARCHIVES DÉPARTE-MENTALES. (*Notes de Lhuillier sur Vernou.*) »

Toutefois, il y eût en 1853, à Marangis, un fait qui mérite d'être rapporté. A ce moment-là, il s'était organisé dans ce hameau une Société de malfaiteurs qui terrorisait la contrée. On ne parlait que de rapines et de vols, et personne n'osait prononcer un nom, bien que les noms fussent sur toutes les bouches.

Or, par une belle journée de printemps de cette année 1853, le Moulin du Bois était en fête. Le meunier d'alors, propriétaire aisé et joyeux compère, s'apprêtait à marier sa fille le lendemain, et avait convoqué pour cette circonstance le ban et l'arrière-ban du village à des agapes pantagruéliques. Il surveillait d'un air satisfait l'apport et l'ordonnancement, dans une vaste pièce, de poulets, dindons, canards, et autres victuailles qu'un cuisinier de talent, mandé tout exprès en cette occurrence, commençait à trousser et dresser avec art.

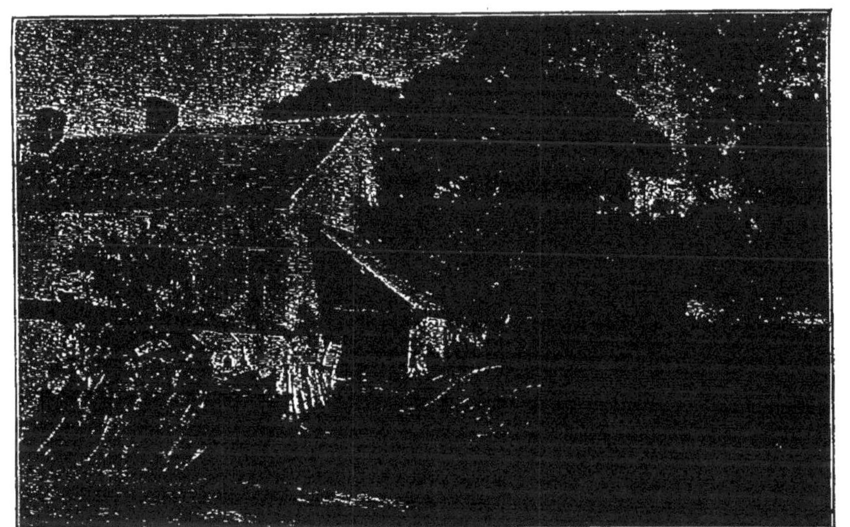

Moulin du Bois.

Il n'était pas jusqu'au pain blanc et aux vins généreux qui ne fussent arrivés en abondance. Aussi le brave homme contemplait-il, la figure réjouie et le cœur léger, l'immense table déjà harmonieusement dressée : il étudiait avec la maîtresse de céans la place à donner à tout un chacun et, passant son bras autour de sa taille, tandis que de l'autre main il caressait le menton de sa fille, il fredonnait en riant aux éclats :

> Victoire ! Victoire !
> Triomphe de ta gloire !
> Car demain Virginie
> Dans ses plus beaux atours
> Va fêter, ô ma mie,
> Le Printemps et l'Amour.

Le soir venu, le moulin s'arrêta pour mieux laisser dormir toute la famille, et le calme le plus profond se répandit dans la vallée. Mais, dès l'aube du jour le meunier, encore sous l'impression d'un rêve charmant qui était venu le hanter, rêve lui rappelant le souvenir enchanteur de sa première nuit de noce, fut brusquement réveillé par des coups violents frappés à sa porte. Bondissant de son lit, malgré sa femme qui cherchait à le retenir, il ouvrit le loquet. Quelle ne fut pas sa stupéfaction de se trouver sur le palier vis-à-vis de son cuisinier tout enfariné, lui hurlant aux oreilles :

« Elle est venue cette nuit la bande à Mandrin,
« des hommes masqués m'ont bâillonné, ficelé,
« dans un sac de farine dont j'ai eu grande peine
« à sortir. Ils ont tout enlevé. Que faire? Il n'y a
« plus rien à manger. »

Et le pauvre homme se lamentait en s'arrachant
presque les cheveux, tandis que le meunier, ras-
semblant ses esprits, pénétrait dans la salle, cons-
tatait le désastre et avisait aux prompts moyens
de le réparer.

Malgré l'aventure, la noce fut très gaie, mais
un peu maigre : ce qui n'empêcha pas les gars de
chanter en chœur, après force libations :

> Pour réparer le larcin,
> Buvons sec mes frères :
> Narguons la Bande à Mandrin
> En vidant nos verres.

L'histoire toutefois fit du bruit : une surveillance
active fut exercée et, à la suite de nouveaux
méfaits, les malandrins furent arrêtés et sévère-
ment condamnés. L'un d'eux, après avoir purgé
sa peine, se noya dans le canal du Loing.

Je termine l'histoire de Vernou-en-Brie, en donnant la liste chronologique des maires et des
desservants de la cure, qui se sont succédé dans
la commune depuis la Révolution jusqu'à 1905.

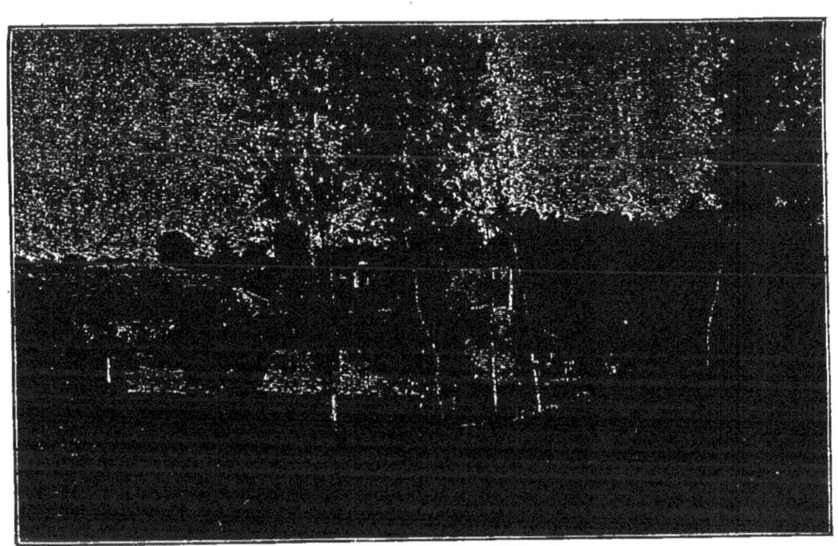

Moulin du Bois.

Nous relevons aux Archives les dates et noms qui suivent, en ce qui concerne les maires :

1792, 15 novembre : Bond-François Coullevrier;

25 fructidor an II : Edme Parquet;

17 nivôse an VI : Jérôme Fouteau (agent municipal);

2 messidor an VIII : Antoine-Pierre Olivier;

1er vendémiaire an XIII : Nicolas Fournier;

1815 (février ?) : Joseph Bontus;

25 octobre 1824 : Louis Baron;

23 octobre 1831 : Gobert Jean-Baptiste;

1835, 24 janvier : Baron Louis;

23 août 1840 : Leroux-Béchu Jean-Baptiste-Joachim;

1843, le 23 juillet : Grappin Claude-Edme;

20 novembre 1845 : Antoine-Achille Bontus;

1848, 25 avril : Parquet Jean-Reine;

1852, le 15 juillet : Faron Alexandre;

23 juillet 1861 : Crosse Joseph-Charles-Hippolyte;

1878, 21 janvier : Larue Savinien;

7 septembre 1879 : Boudiour Clair-Antoine;

1881, 23 janvier : Gruyelle Louis;

1884, 18 mai : Crosse Charles-Hippolyte;

6 décembre 1888 : Bigeard Emile.

17 mai 1896 : Garnier Jude;

1900, 20 mai : Randon Louis-Jules-Auguste;

1904, le 9 mai : Garnier François.

Parmi ces maires il en est un, M. Bontus, bourgeois de Paris, grand-aïeul des familles Crosse et Danvin qui fut, avant d'exercer les fonctions de maire, l'objet, de la part du roi Louis XVIII, d'une distinction particulière. En 1814, il reçut l'autographe que voici, signé du chevalier de Péronnet, l'autorisant à porter la décoration du Lys :

Quant aux prêtres ayant desservi la cure depuis la Révolution, en voici la liste complète, d'après documents authentiques :

11 février 1803	Jacquinet (Claude), transféré à l'hospice de Nemours, le 1er juillet 1807.
1er juillet 1807	Féron (Etienne-Louis), sorti le 1er janvier 1821.
1er août 1821	Hudin (Antoine), sorti le 15 mai 1822.
1822-1824	Service fait par le curé de Champagne.
13 mars 1824	Sébron (Louis), transféré à La Chapelle-la-Reine, le 24 décembre 1834.
	Service fait par le curé de Champagne.
24 décem. 1835	Gaffet (Stanislas), transféré à Thomery, le 1er janvier 1841.
1er janvier 1841	Doyen (Pierre-Antoine), transféré à Barbey, le 1er octobre 1848.
15 mars 1849	Moussin (François-Casimir), transféré à Lumigny, le 1er août 1850.
27 septem. 1850	Butel (Victor), mort le 16 octobre 1867.
	Service fait par le curé de St-Mammès.
1er août 1868	Enguérand (Eugène-Adrien), transféré à Mary, le 1er juillet 1870.
1er juillet 1870	Lamy (Lucien-Magloire), transféré à St-Pierre-ls-Nemours, le 1er juillet 1873.
3 juillet 1875	Touzon (Jean-Baptiste-Marie-Alphonse), décédé le 11 février 1882.
1er juillet 1882	Lapoix (Victor-Eugène), transféré à La Chapelle-la-Reine, le 13 juillet 1899.
13 juillet 1890	Mazars (Jean-Pierre-Hippolyte).

Je joins à cet ouvrage l'analyse de documents complémentaires, concernant Vernou - en - Brie, documents conservés à Paris aux Archives Nationales; cette analyse figure à la fin du volume.

F. MATAGRIN.

Melun, le 1er septembre 1905.

De L'Epinois

ARGEVILLE

ARGEVILLE

1421-1905

INTRODUCTION

Argeville fut sans doute à l'origine, le nom de l'emplacement d'une villa appartenant à un riche propriétaire gallo-romain Argericus, de là le nom d'Argerici, villa, qui devint ensuite celui d'Argeville.

Les seigneurs d'Argeville, soit en Seine-et-Marne, soit ailleurs, remontent à une haute antiquité. Voici, en effet deux documents datant de 1356, qui les concernent :

CABINET DES TITRES.

———

BIBLIOTHÈQUE NATIONALE.

———

ARGEVILLE

———

Dossier : Pièces originales 90.

Nous, Philippe d'Argeville, chevalier à Cres-
pin, et Du Satel, escuyer, avons eu et reçu de
Jacques Empereur, trésorier des guerres du roi,
notre sire, par la main de Guillemin Larcher, son
lieutenant, pour don à nous fait par monseigneur
Jehan, comte d'Armagnac, lieutenant dudit
seigneur ès parti du Langue d'Oc, pour restitution
de deux chevaux perdus par nous en la compagnie
de monseigneur Robert de Clermont, maréchal de
monseigneur le duc de Normandie, en venant du
pays de France, ès parti de Langue d'Oc, pour les

bons et loyaux services que nous avons fait audit seigneur en ces guerres, en la compagnie dudit monseigneur Robert, cinquante-six livres treize solz quatre deniers tournois en cinquante écus d'or, plus dix-huit solz huit deniers tournois, desquels 56 livres dix-huit solz huit deniers tournois, nous nous trouvons pour être bien payés.

Donné sous nos sceaux, le 30e jour de mai 1356.

BIBLIOTHÈQUE NATIONALE.

ARGEVILLE

Dossier : Pièces originales 90.

Je, Charles d'Argeville, chevalier, confesse avoir eu et reçu de Jean Le Vilain le Jeune, bourgeois de Rouen, trésorier du subside nouvellement octroyé en Normandie, député par les bailliages de Rouen, Caux et Gisors, et ressorts pour messeigneurs les gouverneurs dudit subside, commis du pays et duché de Normandie, la somme de trois cents deniers d'or à l'escu par mandement des diz gouverneurs pour tourner ou convertir en paiement des « cymeurs » qui ont cymé le chastel de Conches.

De laquelle somme je me tiens pour bien payé et en promets rendre quittance des diz « cymeurs » audit trésorier.

En témoin de ce, j'ai scellé cette lettre de mon scel. Fait le Xe jour de juin, l'an de grâce 1356.

CHAPITRE 1er

Nicolle d'Argeville et Guillemette Chollier. — Raoul de
Grandelin. — Nicolas de Soissons. — Etienne Hubert
et Regnaud Hubert. — Droits des Chartreux de
Paris et des Chevaliers de Saint-Jean-de-Jérusalem,
sur la terre et seigneurie d'Argeville.

L E premier vestige que nous trouvions de
« l'hostel et du manoir d'Argeville » date du
12 juin 1421. A l'époque, Guillemette, veuve de feu
Jehan Chollier, héritière de feu demoiselle Nicole
d'Argeville, fille de feu Jehan d'Argeville, escuyer,
et de Jeanne d'Audefoys, échange avec Raoul de
Grandelin, naguère garde pour le roy de la prévôté de Melun, et avec sa femme, un « hostel et
« manoir » anciennement à la dame Nicolle d'Ar-
« geville, séants à Vernou avec leurs dépendances,

« ainsi que les moulins, qui furent à ladite dame,
« avec les appartenances, assis à la Roche,
« paroisse de Vernou. »

De Grandelin et sa femme donnaient en retour à

De L'Epinois.

Guillemette, une maison à Melun, grande rue, où
pendait pour enseigne « Le Dieu d'Amour », 11
livres 5 sols tournois de rente annuelle, sur l'hôtel
« des Piliers », à Melun, 50 sols tournois sur l'hôtel

de celui « Le Chantre », également à Melun et où pendait pour enseigne « La Fleur de Lys. »

Le lendemain, 13 juin 1421, Guillemette vendit à Raoul de Grandelin, et à sa femme, moyennant 500 livres tournois, la maison du « Dieu d'Amour », les rentes sur les maisons « des Piliers » et de « La Fleur de Lys. » (Analyse des Archives Nationales à Paris. S. 295.)

Le document est important, car il démontre l'existence du nom et de la terre d'Argeville, même avant l'année 1421. De plus, nous y retrouvons le nom de Jehan Chollier, nom que conserva longtemps un fief situé au Montois, fief important dont il existe encore des traces et dont Jehan Chollier fut sans doute propriétaire.

Le 29 janvier 1548, Nicolas de Soissons, seigneur de Courtry-en-Brie, faisait un aveu et dénombrement aux Chartreux de Paris, à cause de leurs terres de Marangis, des fiefs qui en étaient mouvants, à savoir :

« 1° Le fief d'Argeville, consistant en l'hostel « d'Argeville, fait en pavillon, appartenant à « Michel Hubert, situé à Vernou, consistant en « grange, estable, pressoir, bergerie, cour, jardin, « un arpent 1/2 de terre, un arpent 1/2 de vignes, « 3 quartiers de prez, où il y a une fosse à pois- « sons, le tout joignant à la rue de Chevry, à la « rue Neuve, au sentier de l'Abreuvoir et aux héri-

« tiers dudit Hubert, chargé envers le seigneur
« de Marangis, de 16 sols parisis de rente outre
« les foys et hommages.

« 2° Le fief de « Bézierré. » (Analyse des
Archives Nationales, S. 281.)

Nous voyons, d'après ce qui précède, que les
Chartreux de Paris étaient seigneurs dominants sur
Marangis et Argeville ; ils étaient également cen-
siers de rente et propriétaires à Vernou, car, en
1464, ils acquéraient de Oudin Potet, 16 sols parisis
sur la maison que possédait Jean Le Nain, à
Vernou, moyennant 22 écus d'or, et, le 23 février
1467, Gauthier Le Nain, de Vernou, leur vendait
5 quartiers de vigne en deux pièces, également
situés à Vernou. (Analyse des Archives Nationales
de Paris. S. 295.)

Ces Chartreux de Paris étaient ceux auxquels,
en 1258, Saint-Louis donna le château de Vauvert,
château situé entre l'Observatoire actuel et le
Palais du Luxembourg, pour y bâtir leur couvent.
Au XIII° siècle, ce château passait pour être hanté
par les revenants. De là, cette expression : « d'aller
au diable Vauvert » pour dire entreprendre une
chose périlleuse.

Nicolas de Soissons avait fait aux Chartreux de
Paris, aveu et dénombrement, il s'obligeait, en
outre, aux actes de foi et hommage.

L'aveu et le dénombrement, c'était la déclaration des fiefs. Quarante jours avant cette déclara-

tion, avait lieu la cérémonie des actes de foi et hommage. Ces actes empruntaient, sous le régime féodal, un caractère vraiment solennel. Au pied de la grosse tour, le vassal soit debout et la main sur l'Evangile (hommage franc), soit un genou en terre et les deux mains dans celles du suzerain qui le relevait en le baisant sur la bouche (hommage lige), jurait de lui être fidèle et de remplir vis-à-vis de lui, les trois grands services de l'ost ou service militaire, de justice et des aides. Le suzerain l'assurait en retour de son concours et de sa protection.

En mai 1556, les terre et seigneurie d'Argeville furent érigées en vicomté par lettres royales, lettres enregistrées le 6 septembre 1567, en faveur d'Etienne Hubert, seigneur d'Argeville, créé baron d'Héricy. Etienne Hubert était, en 1576, chevalier du roi et bailly de Melun. (Analyse des Archives Nationales de Paris. S. 292.)

A la suite d'une requête présentée le 12 juin 1566, par noble homme Etienne Hubert et après enquête faite sur les lieux par les religieux-soldats, les chevaliers de Saint-Jehan en l'Isle-de-Corbeil, chevaliers de Malte, décidèrent de bailler au seigneur d'Argeville, des maisons assises à Moret-en-Gâtinais, vulgairement appelées « Le Chasteau », contenant un quartier environ, avec des cens et des rentes, perçues annuellement par le commandeur

de Saint-Jean de Melun, à Moret, Ville-Saint-Jac-
ques, Montarlot, La Celle, Vernou, La Grande-
Paroisse, L'Ospiteau, Faubourg de Montereau,
pour 9 livres environ, à la charge de leur en faire
porter les « foys et hommages et aux charges des
droits et devoirs féodaux et seigneuriaux. » En
retour, Etienne Hubert cédait aux Chevaliers de
Saint-Jean, 20 livres tournois de rente annuelle et
perpétuelle foncière sur Argeville. C'était un moyen
d'éviter toute contestation et tout ennui, le
« chasteau » étant enclavé dans d'autres propriétés
et particulièrement dans celles appartenant, à
Moret, au seigneur d'Argeville. (Analyse des
Archives Nationales de Paris. S. 5147 B, 18 juin
1567.)

Le commandeur de Saint-Jean, Pierre Ourrier,
qui avait sanctionné cet arrangement, étant mort,
son successeur, Michel de Seurre, chevalier de
l'ordre de Saint-Jean de Jérusalem, grand prieur
de Champagne, prieur du prieuré de Saint-Jehan
en l'Isle-les-Corbeil et commandeur de la comman-
derie de Melun, conseiller du roi, capitaine de 50
lances de ses ordonnances, en contesta la validité,
prétendant qu'Ourrier avait été circonvenu et lésé
de plus de moitié sur le prix. De Seurre gagna le
procès et le seigneur d'Argeville fut condamné à
payer 9 années d'arrérages de rente.

Etienne Hubert appela de cette sentence, puis de
Seurre s'étant rendu compte que le « chasteau »
n'avait aucune valeur, renonça à entériner les
lettres royales cassant le contrat, et transigea avec

le seigneur d'Argeville pour le maintien des anciennes conditions. (Analyse des Archives Nationales. S. 292.)

Les chevaliers de Saint-Jean avaient donc, d'après ce qui précède, un cens foncier sur Argeville. Le propriétaire actuel du château a tout récemment découvert dans les décombres de la ferme de Champrond, une croix de Malte. Cette croix a été replacée, par M. Danvin, sur la rue, au-dessus de la porte cochère de la ferme. Provenait-elle de la pierre tombale d'un chevalier? Peut-être. Toutefois, il est plus plausible de supposer qu'elle avait été placée là par les chevaliers de Saint-Jean pour affirmer leur droit censier perpétuel sur cette terre.

Plus tard, messire Regnault Hubert ayant requis la vente et adjudication de la terre et seigneurie d'Argeville, de La Grand-Maison avec les appartenances et dépendances, Jean Hac, prêtre religieux de Saint-Jean-de-Jérusalem, commandeur de Bourgault et prieur du prieuré de Saint-Jehan en l'Isle-les-Corbeil, reprit l'opposition à la vente formée auparavant par messire de Neuville, son prédécesseur.

Le Châtelet de Paris rendit une sentence le 15 décembre 1641, maintenant les prieurs de Saint-Jehan dans leurs droits de percevoir 20 livres tournois par an, de rente foncière sur la terre et seigneurie d'Argeville, de recevoir la « foy et l'hommage » sur cette terre, à toute mutation de fief et

en outre, à chaque fois, une paire d'éperons dorés.
(Analyse des Archives Nationales. S. 5147 B.)

Cette sentence était la sanction de confirmation
de droits existants et précédemment acquis.

Les chevaliers de Saint-Jean avaient été, de
longue date, propriétaires de domaines dans la
région de Vernou. Louis VII avait fait donation, en
1178, aux frères de Saint-Jean-de-Jérusalem, de
l'hospital de Champigny, situé sur les confins des
territoires de Vernou et La Grande-Paroisse. Ils
le revendirent en 1494, à Simon du Val de Merry,
qui le revendit lui-même en 1506, à Jean Bonnot,
examinateur au Châtelet de Paris, moyennant 1,000
livres tournois. (Analyse des Archives Nationales.
S. 492.)

De L'Epinois.

CHAPITRE II

L E 28 juillet 1669, Paul de Chaudessoles,
escuyer, sieur d'Auterive, conseiller du roy
et son secrétaire, fait hommage au roi de France
pour la terre et vicomté d'Argeville, fiefs, arrière-
fiefs en dépendant, circonstances et dépendances
relevant du roi à cause de son château de Moret.

Le fief d'Argeville se composait alors, d'après la
déclaration : « d'une belle maison couverte d'ar-
« doises, avec basse-cour, grand jardin potager,
« grand canal d'eaux vives, rempli de poissons,

« prés, vignes, le tout clos de murs et d'une conte-
« nance d'environ 30 arpents et de 25 arpents de
« terres labourables. » (ARCH. NAT. S. 281.)

Le 14 octobre 1682, François Forcadel, escuyer
et seigneur « d'Hargeville », fait hommage au roi
de France pour la terre et seigneurie d'Hargeville,
ses appartenances et dépendances relevant du roi,
à cause de son comté de Montfort-Lamaury, à lui
appartenant, au moyen de l'adjudication qui lui a
été faite, par décret des requêtes de l'Hôtel de
Paris, le 15 janvier dernier, sur dame Françoise
« d'Hargeville », veuve de messire Roger Lilafy
Maroni, vivant seigneur de ladite terre. (Analyse
des Archives Nationales. P. 21. N° 1125.)

Le 2 août 1687, Claude Forcadel, seigneur de
Montisambert, Broussay, Boissy et « Harcheville »,
conseiller du roy en la Cour des Aides, fait hommage au roi de France pour la chastellenie de
Boissy, ses appartenances et dépendances, et pour
la terre et sirie de « Harcheville », relevant du roi,
à cause de son comté de Montfort-Lamaury, à lui
appartenant, au moyen de la donation entre vifs
à lui faite par François Forcadel, escuyer,
conseiller du roi, son père, le 31 janvier 1683.
(Analyse des Archives Nationales. P. 20. N° 1312.)

Nous voyons les différentes orthographes d'Argeville; nous devons les interpréter comme des
erreurs de transcription commises à l'époque par

celui qui reçut l'aveu, et nous devons lire : Argeville.

Le 12 juin 1697, Louis Fontaine, bourgeois de Paris, curateur à la succession vacante de Paul de

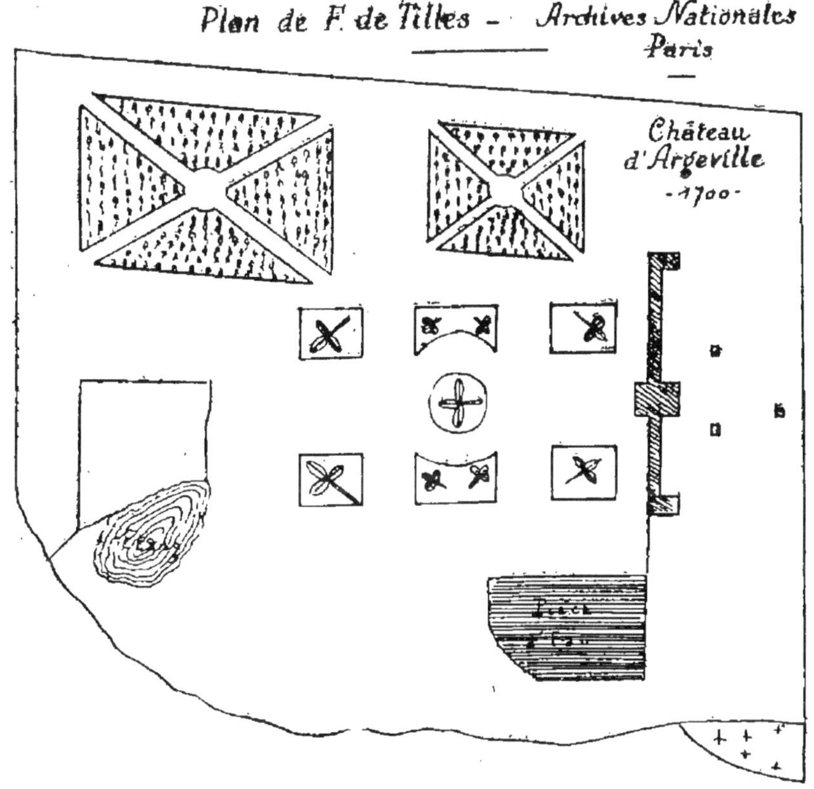

Chaudessoles, escuyer, sieur d'Hauterive, conseiller du roi, fait en ce nom hommage au roi de France, pour raison de la terre et vicomté d'Argeville, ses appartenances et dépendances, relevant

du roi, à cause de son château de Moret et aussi pour raison du fief de la Grand-Maison, sis à Vernou-en-Brie, relevant du roi, à cause de « La Grosse-Tour » et « Chatellenie » de Moret, et régie par le sieur Fontaine, comme faisant partie de la succession dudit sieur de Chaudessoles d'Haute-rive. (Analyse des Archives Nationales de Paris. P. 21. N° 1528.)

Le 13 mai 1720, Jean-Louis Héron, conseiller et secrétaire du roi, contrôleur en sa grande chancellerie, ancien receveur général des finances de Champagne, fait hommage au roi de France, pour la terre et vicomté d'Argeville, ses appartenances et dépendances, mouvant et relevant du roi, à cause de son château de Moret et pour le fief de la Grand-Maison. (ARCH. NAT. P. 22. N° 1926.)

Jean-Louis Héron et dame Marie-Isabelle Moutée, sa femme, les avaient acquis de messire Chrétien de Lamoignon, chevalier, marquis de Brasville, conseiller d'Etat et président à mortier au Parlement de Paris, commandeur des ordres du roi, et de dame Marie-Louise Gon de Bergonne, sa femme, par contrat passé devant Junot et son confrère, notaires à Paris, en date du 31 décembre 1719.

Cet acte qui figure actuellement dans les minutes de maître Moreau, notaire à Paris, 76, rue Saint-Lazare, nous donne l'importance, à l'époque, des

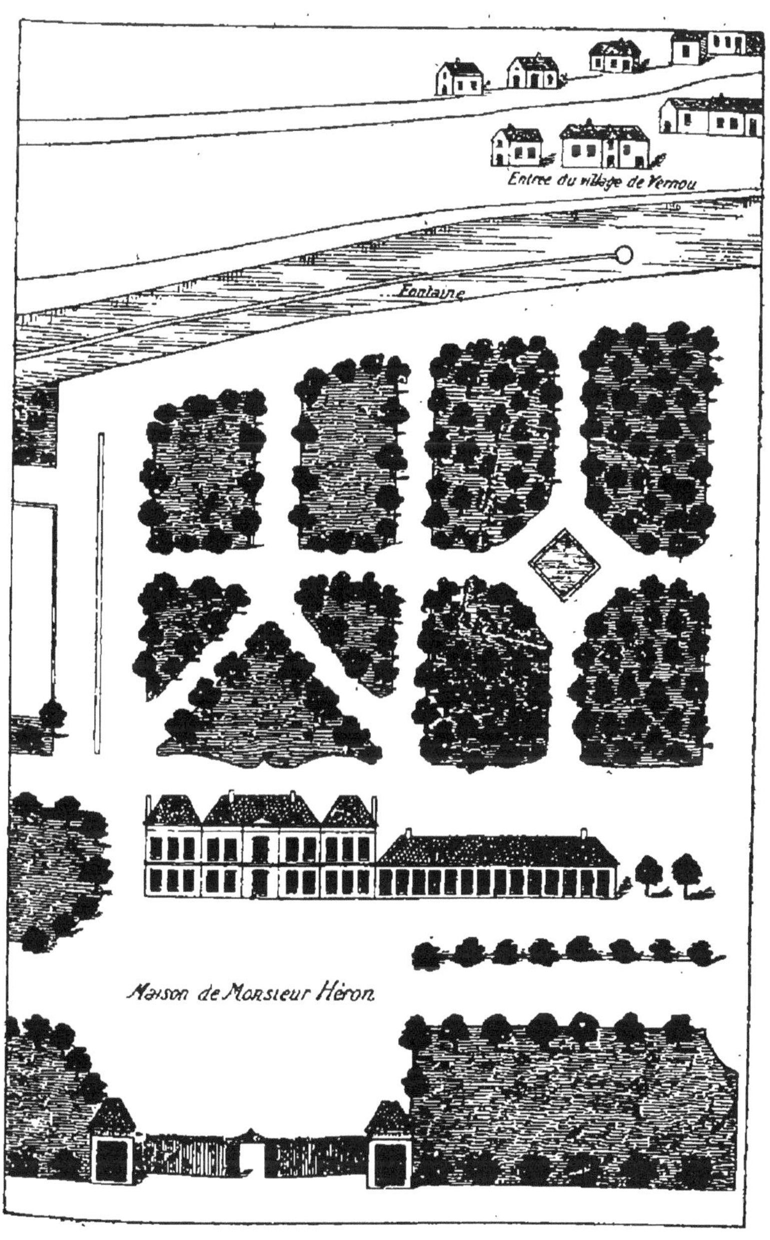

Plan en profil du Château d'Argeville (1720).

14

terre et seigneurie d'Argeville. Elles comprenaient : 1° la terre et seigneurie d'Argeville ; 2° la terre de la Grand-Maison : 3° celle de Champrond ; 4° celle de l'Argenterie ; 5° le fief Chollier ; 6° la moitié du Moulin de Moret ; 7° terres labourables et prés,

Il nous fait, en outre, connaître que Chrétien de Lamoignon et Louise Gon de Bergonne, avaient acquis ces domaines de François Levasseur, bourgeois de Paris, curateur à la succession vacante de Paul de Chaudessoles, écuyer et secrétaire du roi.

Le château d'Argeville était, à l'époque, un très beau château, avec jardin à la Française, carrés de charmilles et demi-lunes. Le plan de Tilles, qui figure aux Archives Nationales, et dont la copie est annexée à ce volume, nous en donne la description; il est complété par la reproduction en profil des constructions du château et du village de Vernou, relevée également aux Archives Nationales, à Paris.

Le 21 juillet 1722, Jean-Louis Héron fit bénir la chapelle du château d'Argeville, qu'il avait fait construire. Nous trouvons, à ce sujet, dans les actes civils de la paroisse de Vernou (Mairie de Vernou), le document que voici :

« Le 21 juillet 1722, sur la commission de Mon-
« seigneur l'archevêque de Sens, à nous adressée,

« signée Denis François, archevêque de Sens, et
« plus bas, par monseigneur, et au-dessous
« Richer, avec paraphe, en date à Paris, le 13
« juillet 1722 ;

« Nous, soussigné, prêtre d'Héricy, nous sommes
« transporté au château d'Argeville, paroisse
« de Vernou, dudit diocèse, y avons fait la béné-
« diction de la chapelle en l'honneur de Dieu et
« sous l'invocation de la Très-Sainte-Vierge Marie,
« mère de Dieu, que Monsieur Jean-Louis Héron,
« seigneur dudit lieu d'Argeville, a fait construire,
« le tout suivant les cérémonies marquées dans le
« rituel dudit diocèse; après laquelle bénédiction
« y avons célébré la sainte messe, assisté de
« Denis Dugonnay, notre clerc, et en présence du-
« dit seigneur du lieu ;

« De Monsieur Lefranc, intendant de Son Altesse
« Sérénissime Monseigneur le duc d'Orléans ;

« De Monsieur Milet, receveur général des
« finances ; Berthelot de Douchy, écuyer, seigneur
« de Bellebat ;

« De Monsieur de la Barrière, écuyer ; de Mon-
« sieur Gaston de Pach, avocat au Parlement; de
« Monsieur Le Texier, directeur général des
« fermes du roy au département d'Orléans; de
« Monsieur Boutin, receveur des tailles de Bois-
« gency ; de Monsieur Héron, commandant un
« bataillon des gardes Wallonnes du roi d'Espagne;

« de Monsieur Héron de Congis et de Mon-
« sieur Héron de Villefosse, l'un des fermiers
« généraux du roy. »

Le même jour, Jean-Claude-Prosper Héron
épousait, dans cette chapelle, Mademoiselle Le
Texier. L'acte qui suit, concernant cette cérémonie, est également extrait des Archives de
Vernou :

« Le 21 juillet 1722, après la publication des
« 3 bans du mariage entre messire Jean-Claude-
« Prosper Héron, fermier général du roy, demeu-
« rant à Paris, paroisse de Saint-Jean-en-Grève,
« fils de défunt Jean-Baptiste Héron et de défunte
« Anne-Françoise Dumesnil, son épouse, ses père
« et mère, d'une part ;

« Et damoiselle Charlotte-Jeanne Le Texier, fille
« de Monsieur Estienne Le Texier, seigneur de
« Mennetou, Villebourgeon et autres lieux, et de
« dame Anne-Françoise Boutin, son épouse, ses
« père et mère, de la Paroisse de Saint-Paterne,
« d'Orléans, d'autre part ;

« Vu l'acte de publication des bans en la
« paroisse de Saint-Paterne et le consentement
« donné en conséquence, par Monsieur le vicaire
« de la dite paroisse, de marier les dites deux
« parties hors leur paroisse naturelle, pour être
« mariés dans le diocèse de Sens ; signé du Massy,
« vicaire de Saint-Paterne, en date du 29 juin

« 1722, légalisé par Monseigneur l'Evêque d'Or-
« léans, signé par lui et plus bas pour Monsei-
« gneur et au-dessous Fauconnier, en date du 29
« juin 1722 ;

« Et en vertu du consentement de Monsieur le
« curé de Saint-Jean-en-Grève, comme aussi veu la
« permission de Monseigneur l'Archevêque de
« Sens, à nous accordée, de célébrer ledit mariage
« dans la chapelle domestique du château d'Ar-
« geville, paroisse de Vernou, diocèse de Sens ;

« J'ai, curé d'Héricy, soussigné, pour l'absence
« et avec la permission de M. le curé de Vernou,
« reçu d'eux la promesse et consentement audit
« mariage, dans la chapelle domestique du châ-
« teau d'Argeville, après avoir observé toutes les
« cérémonies désirables, sans qu'il y ait eu oppo-
« sition ou empêchement quelconque, en présence
« desdits père et mère; de Monsieur Boutin, rece-
« veur des tailles de Boisgency; de Monsieur Milet,
« receveur général des finances, beau-frère, et de
« Madame Le Texier, son épouse, sœur de la
« mariée; de Monsieur Jean-Louis Héron, contrô-
« leur général de la Grande Chancellerie de
« France; de dame Marie-Elysabeth Moutée, son
« épouse, belle-sœur; de Dom Marcello Héron,
« commandant au bataillon des gardes Wallonnes
« de Sa Majesté Catholique le roi d'Espagne; de
« Monsieur Héron de Congis, tous frères du marié;

« de Monsieur Lefranc, intendant de Son Altesse
« Sérénissime Monsieur le Duc d'Orléans; de
« Monsieur Berthelot de Douchy, écuyer et sei-
« gneur de Bellebat; et de plusieurs autres per-
« sonnes de leurs parents et amis, qui ont signé
« avec moi, curé, le jour et an que dessus. »

Cette famille Héron était une famille de très
vieille bourgeoisie française; l'un de ses descendants, Héron de Villefosse, s'allia, à notre époque,
à la famille de Maussion et fut propriétaire du
château de Féricy.

De L'Epinois.

CHAPITRE III

Chaumont de la Millière, intendant de Limoges, et Charlotte-Elysabeth Héron. — Peilhon de Faret, entrepreneur des poudres, administrateur des bâti-ments et jardins royaux. — Pierre-Marc Héron et son neveu Achille-Pierre Dionis du Séjour.

LA terre et seigneurie d'Argeville restèrent dans la famille Héron de 1719 à 1785. Le 13 mars 1751, Louis Chaumont de la Millière, inten-dant de Limoges, seigneur de Luçay, Valençay et autres lieux, et dame Charlotte-Elysabeth Héron, son épouse, propriétaires de la terre et seigneu-rie d'Argeville, passaient avec Simon - Georges Peilhon de Faret et Henriette Desnos, sa femme, le contrat dont l'analyse suit :

« 13 mars 1751. Bail par M. Jacques - Louis
« Chaumont de la Millière, intendant de Limoges

« et dame Charlotte-Elizabeth Héron, son épouse,
« devant Deshayes, notaire à Paris, à Simon-
« Georges Peilhon, et Henriette-Thérèse Desnots,
« son épouse, de l'usufruit et jouissance pendant
« leur vie et celle du survivant d'eux, de la terre
« et seigneurie et vicomté d'Argeville, située pa-
« roisse de Vernou et du mobilier, moyennant
« 65,000 l. dont 50,000 pour l'usufruit et jouis-
« sance des immeubles, et 15,000 pour l'usage du
« mobilier. »   (ARCH. NAT. S. 281.)

Peilhon de Faret était ancien entrepreneur des
Poudres, conseiller du roi et administrateur des
bâtiments et jardins royaux. Nous trouvons l'énu-
mération des qualités de ce personnage dans plusieurs actes de l'état civil de la paroisse de
Vernou où il est intervenu.

En 1767, Madame Charlotte-Elysabeth Héron,
veuve de messire Jacques-Louis Chaumont de la
Millière, passait avec Pierre-Marc Héron, conseiller honoraire au Parlement et chevalier, l'acte suivant, dont voici l'analyse :

« Par contrat passé par devant M° Closet et son
confrère, notaires à Paris, le 26 novembre 1767,
M. Héron a acquis du fondé de procuration de
Dame Charlotte-Elisabeth Héron, veuve de Messire Jacques-Louis de Chaumont de la Millière :

« 1° La terre et seigneurie et vicomté d'Argeville, située paroisse de Vernou-en-Brie, régie

par la coutume de Melun, consistant en un château, cour, parc et jardin, le tout enclos de murs, haute, moyenne et basse justice, droits de péage et de pêche sur les rivières de Seine et de Loing;

« 2° La seigneurie de la Grande-Maison, consistant en maison manable, étables, bergerie, pressoir bannal, granges, colombier à pied, prison, cour, jardin et terres y tenants, contenant 16 arpents ou environ, plus autres terres labourables, prés et autres dépendances dudit lieu de la Grand-Maison, en ce qui relève du roy, conformément aux anciens aveux et dénombrements, haute, moyenne et basse justice, cens, rentes, etc.;

« 3° La moitié des moulins de Moret et un jardin scis au bout du pont de Moret où étoit cy-devant un moulin à vent, appellé le Bio (ou Bia);

« 4° Les bois de Saint-Maur, nature de taillis contenant 50 arpents ou environ.

« Le tout appartenant à ladite dame de La Millière, tant comme fille et seule héritière du sieur Jean-Claude-Prosper *Héron de Villefosse*, son père, qui était héritier pour 1/3 de Jean-Louis Héron, son frère, que comme s'en étant rendu adjudicataire, à titre de licitation, par acte passé devant Des Hayes, notaire à Paris, le 20 février 1751, entre elle avec le feu sieur de La Millière, son mary, et le sieur Adrien-Marcel Héron, lieutenant général des armées d'Espagne, commandant le régiment de garde Wallonne, et Jean-Baptiste-Philippe Héron, ses oncles, aussi héritiers pour chacun 1/3 du sieur Jean-Louis Héron d'Argeville, leur frère. Lesdites seigneuries, moitié de moulins, jardin et bois sont dits tenus en fief et mouvants du roy, tant à cause de son comté de Melun que de sa chastellenie de Moret, dépendante dudit comté.

« Cette vente fût faite moyennant 75,000 livres. »

(ARCH. NAT. S. 281, carton.)

« Par le même contrat du 26 novembre 1767, le fondé de procuration de Madame de La Millière, a baillé à rente foncière à mondit sieur Héron :

« 1° Le fief et seigneurie de Champrond, consistant en une ferme, contenant maison, granges, bergeries et autres bâtiments *ornés de quatre tourelles* et enclos de murs, terres labourables et non labourables, prés, pâtures en dépendants, ensemble le moulin du Pré avec 4 arpents de pré y joignant et environ 8 arpents de terres labourables affermés avec ledit moulin ; le tout relevant en fief de l'abbaye de Barbeaux à l'exception des terres labourables jointes audit moulin du Pré, lesquelles sont situées sur le terroir de la *Grand-Parroisse ;*

« 2° La ferme et métairie de l'Argenterie, située
en la paroisse de Vernou, consistante en une
maison et plusieurs mazures, cour, jardin, bois,
garenne, terres labourables et non labourables et
prés, le tout contenant 179 arpents ou environ,
tenus en censive du chapitre à cause de la seigneurie de Vernou ;

« 3° L'ancienne métairie du Ruz des Bicz, située
sur ladite paroisse de Vernou, contenant 161
arpents ou environ de terres labourables ou
friches, y compris environ 3 arpents de bois, le
tout en un tenant, relevant en roture;

« 4° 10 arpents de prés ou environ, situés de
l'autre côté de la rivière de Seine, au terroir de
l'Ecuelle, près Moret, appelés les Prés-de-Tor-
penton, tenus en censive de Madame Eynard, à
cause de la Seigneurie de Montelsavant, annexée
à sa terre de Ravanne;

« 5° Le fief Chollier, situé en la parroisse de
Vernou, au lieudit du Montois, consistant en
domaines, cens, rentes, mouvant du Doyenné de
Notre-Dame de Paris, suivant les anciens aveux et
notamment le censier dudit fief du 13 novembre
1549 et autres postérieurs;

« 6° La métairie de la Broüe, située au village
de Vernou, consistante en bâtiments pour le loge-

ment du fermier, avec 70 à 72 arpents ou environ de terres labourables et prés relevant de qui de droit;

« 7° Le lieudit Croisier, formant aujourd'hui la basse-cour du Chasteau d'Argeville, bosquet y tenant, avant cour, le Clos-Simon, les terres jointes à la ferme de la Grand-Maison qui ne relèvent point du fief du roy, ensemble les autres terres labourables et non labourables, bois, prés, pâtures et friches, maisons, bastiments, vignes, jardins, enclos, soit sur la parroisse de Vernou, soit sur celle de la Grande-Parroisse ou autres circonvoisines et généralement tout ce qui appartient à ladite Dame de La Millière dans cette partie de la Brie, faisant partie de ladite terre et vicomté d'Argeville;

« 8° 447 l. 14 s. 1 d. de rentes foncières et des bails d'héritages dus par différents particuliers. »   (ARCH. NAT. S. 281.)

Pierre-Marc Héron, propriétaire d'Argeville, en 1767, était cousin de Madame Chaumont de la Millière et frère de Madame Geneviève Héron, qui avait épousé M. Louis-Achille Dionis du Séjour, conseiller à la Cour des Aides. A la mort de Pierre-Marc Héron, en 1786, son neveu et légataire universel, Achille-Pierre Dionis du Séjour, fils du

conseiller à la Cour des Aides, recueillit, dans sa
succession, les terre et seigneurie d'Argeville.
(Testament olographe du 30 novembre 1785,
déposé chez Chevet, notaire à Paris, le 4 octobre
1786.)

De L'Epinois.

CHAPITRE IV

La famille Dionis. — Achille-Pierre Dionis du Séjour. — Les Dionis du Séjour et les Dionis des Carrières. — Généalogie. — Importance d'Argeville en 1786. — Mort d'Achille-Pierre Dionis du Séjour.

L A famille Dionis du Séjour, qui s'allia à la famille de mon père (la sœur de mon père, Aline Matagrin, se maria, en effet, en 1837, avec Alexandre-Pierre Dionis du Séjour, qui fût procureur du roi et juge de paix à Paris), remontait à une haute antiquité. Dès 1464, nous relevons au dossier Bleu, 237, Dionis, du Cabinet des Titres (BIBLIOTHÈQUE NATIONALE), l'énonciation suivante :

« Charles Dionis : de gueules à la face d'or
« accompagnée en chef de 3 flacons et en pointe
« d'un lion passant de même.

Epitaphe :

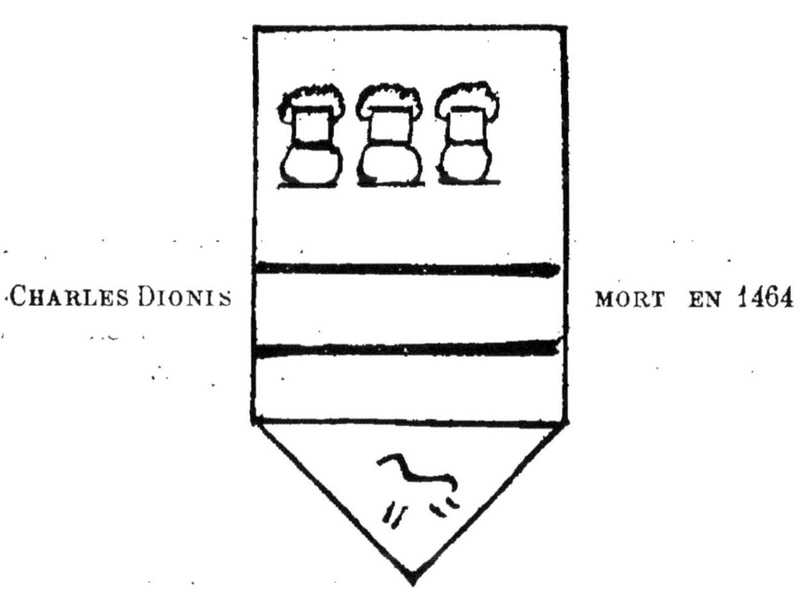

« Et au-dessous, le nom de ses deux filles :

MARGUERITE	CATHERINE
FEMME DE	FEMME
GUILLAUME D'ARRAS	D'EUSTACHE CHAUMEL
PROCUREUR AU PARLEMENT	PROCUREUR DE LA CHAMBRE
MORT EN 1504	DES COMPTES
ET ELLE EN 1472	MORTE EN 1527

DIONIS CHRYSOSTOMI

Postérieurement à ces dates, et d'après la Généalogie figurant aux pièces originales, et jointe à ce volume (Cabinet des Titres, BIBLIOTHÈQUE NATIONALE), le chef de branche fut François Dionis; il avait épousé Anne Piquet et eût pour fils :

Pierre Dionis, maître menuisier et ordinaire des bâtiments du roi, et François Dionis, marchand de soie et bourgeois de Paris.

Cette famille compte alors, parmi ses membres, un très gros personnage sous Louis XIV, le chirurgien Pierre Dionis, fils de Pierre Dionis, maître menuisier et ordinaire des bâtiments du roi, chirurgien de la Reine en 1680 et, plus tard, de la Dauphine (Adélaïde de Savoie) et de sa descendance. Pierre Dionis eût 20 enfants et l'un de ses fils devint chirurgien-major des armées de Louis XIV. Il a laissé des œuvres fort estimées : « *Anatomie de l'Homme; Cours d'opération de Chirurgie*, etc. » Il mourut en 1718.

François Dionis, marchand de soie et bourgeois de Paris, eut aussi nombreuse lignée. Sa branche compte, sous Louis XV, des personnages marquants : un notaire au Châtelet de Paris; un Conseiller à la Cour des Aides; un Commissaire des gardes du corps du roi et un ordonnateur du port de Nantes, et, sous Louis XVI, Achille-Pierre Dionis du Séjour, propriétaire du château d'Arge-

Illustrissimo Viro D.
Ludovico Dionis,
Equiti Consiliario Regis,
Rei Navalis, in Portu Nannetensi,
Ordinatori Praeposito,
Avunculo Suo Dedicat
C. Dionis, B. M.

ville, membre de l'Académie des sciences et député à l'Assemblée Constituante.

Il me paraît indiqué de faire figurer dans cet ouvrage, les armes des Dionis, symbolisant par les ananas la douceur et la richesse, par le lion et les étoiles, la force et la splendeur, ainsi que les portraits du chirurgien et d'Achille-Pierre Dionis du Séjour; j'y comprends également le fort joli écusson armorié dédié à l'ordonnateur du port de Nantes, retrouvé au Cabinet des Titres. (Bibliothèque Nationale.)

Les descendants de François Dionis, marchand de soie et bourgeois de Paris, se subdivisèrent en deux branches : les Dionis du Séjour et les Dionis des Carrières. Ils empruntèrent ces titres aux deux propriétés « le Séjour du Roi » et « les Carrières », qu'ils avaient près de Charenton. Des billets de part de services et d'inhumation, billets extraits du Dossier 237, Dionis (Cabinet des Titres, Bibliothèque Nationale), insérés dans ce volume, nous fournissent à ce sujet les renseignements les plus complets et les plus sérieux. Les Dionis du Séjour sont aujourd'hui représentés par mes cousins Emmanuel et Marcel Dionis du Séjour, l'un ancien médecin militaire à Paris, l'autre ancien inspecteur du Crédit Foncier à Clermont, et par les enfants de mon cousin Ludovic Dionis du Séjour, mort architecte à Paris. Les Dionis des Carrières ont encore des descendants à Auxerre.

En 1786, époque à laquelle Achille-Pierre Dionis du Séjour devint propriétaire d'Argeville, cette terre et seigneurie comprenait :

1° Château et parc ;

2° 224 arpents 74 perches de bois-taillis coupés pour la plupart de 12 à 13 ans, et garnis de baliveaux, modernes, anciens et grands anciens sur la commune de Vernou.

3° 133 arpents 61 perches, y compris le bois de l'Argenterie et 100 arpents de La Celle-sous-Moret.

4° 15 arpents de Champagne ; 16 arpents 3 perches de Féricy ; le bois de Saint-Maur de 54 arpents ; une grange à Vernou.

5° 30 arpents de pré et 36 arpents de terre labourable.

6° La ferme de la Grand-Maison.

7° La ferme du Croizier.

8° La ferme de Champrond.

9° Une centaine d'arpents loués à divers.

10° Une dizaine d'arpents dans la prairie de Torpenton (Grande-Paroisse).

11° La moitié de deux moulins à Moret.

12° Le moulin du Pré, sur le ru Flavien, 13 arpents de pré, etc.

	TERRES	BOIS
2° ... sur la commune de Vernou	» »	224 74
3° ... La Celle-sous-Moret	» »	133 »
4° ... une grange à Vernou	» »	85 03
5° ... terre labourable	66 »	» »
6° La ferme de la Grand-Maison	316 »	» »
7° La ferme du Croizier	70 »	» »
8° La ferme de Champrond	220 »	» »
9° ... divers	110 »	» »
10° ... (Grande-Paroisse)	10 »	» »
11° La moitié de deux moulins à Moret	» »	» »
12° ... 13 arpents de pré, etc.	13 »	» »
	795 »	442 77

Soit au total environ, avec les parc et château, 1,337 arpents 77 perches. C'était, en somme, une magnifique terre. (Titres notariés de maître Danvin, propriétaire du château d'Argeville.)

ACHILLE Pre DIONIS du SÉJOUR
Conseiller au Parlement de Paris

Achille-Pierre Dionis du Séjour, conseiller au Parlement, membre de l'Académie des sciences, député à l'Assemblée Constituante, et président de l'un des six tribunaux du district de Paris, en 1791 et 1792, était à la fois un savant et un jurisconsulte; mathématicien distingué, il s'occupait d'astronomie et, dans ses ouvrages, appliqua l'analyse aux phénomènes célestes. Il était l'ami de Condorcet et de Laplace. Homme de sciences et homme du monde, il ne dédaignait pas, comme célibataire, la société des femmes; la légende dit même qu'il avait près de lui, à Paris et à Argeville, une maîtresse charmante, aussi remarquable par sa beauté que par son esprit. De cette maîtresse charmante, l'unique souvenir qui reste, est un délicieux porte-cartes, retrouvé à Argeville, et pieusement conservé par les propriétaires du château.

Puisque j'effleure en ce moment le chapitre des femmes, qu'il me soit permis d'évoquer en passant le nom de l'auteur du chef-d'œuvre littéraire « *L'Origine des Grâces* », ouvrage orné de gravures de Cochin, ayant paru en 1767. Il eût, à l'époque, un immense succès. L'auteur s'intitulait M^ll^e D..., c'était Mademoiselle Dionis, contemporaine et parente de Pierre Dionis du Séjour, et descendante du chirurgien de Louis XIV. Dans la préface du volume, il est expliqué que cette jeune fille, qui devait être fort jolie, si nous en jugeons par le frontispice de l'ouvrage qui la représente en Muse, jouant de la Lyre, entourée de Nymphes, avait 18 ans quand elle écrivit « *L'Origine des Grâces* », en réponse à l'épître de Péristère, que

lui avait dédié un homme de lettres, charmé de l'Idylle des Colombes.

Au moment de la Révolution, Achille-Pierre Dionis du Séjour fut, comme tous ses collègues de l'Assemblée Constituante, condamné à mort. Dénoncé par son ami Condorcet qui, arrêté à Clamart avait, pour se sauver, fourni un faux

nom en prétendant qu'il était l'homme de confiance
de M. Dionis du Séjour et qu'il retournait près
de lui à Vernou, l'ancien Conseiller au Parlement
se crut perdu. Condorcet s'était empoisonné dans
sa prison de Bourg-la-Reine. Dionis du Séjour
suivit son exemple et il succomba au château d'Argeville, où il s'était réfugié, le 6 fructidor an II,
sous l'influence du poison qu'il avait absorbé.

Voici la copie de son acte de décès, relevé sur
le registre des actes de l'état civil de Vernou :

« Ce jour d'hui sept fructidor an II de la Répu-
« blique française, une et indivisible, à huit heures
« du matin, par devant moi, Antoine-Pierre Olli-
« vier, membre du Conseil général de la commune
« de Vernou, département de Seine-et-Marne, élu
« le 9 décembre 1792, pour rédiger les actes des-
« tinés à constater les naissances, mariages et
« décès des citoyens,

« Sont comparus en la Maison commune Pierre
« Delaunay, concierge de la maison d'Argeville,
« située dans la commune de Vernou, Edme
« Parquet, maire, et Edme Babylone, officier
« municipal, tous trois domiciliés dans la dite
« commune, lesquels m'ont déclaré que Achille-
« Pierre Dionis, devant membre de l'Assemblée
« Constituante, âgé de 61 ans, est mort hier, à
« une heure après minuit, dans la dite maison
« d'Argeville.

« D'après cette déclaration, je me suis trans-
« porté dans le lieu de ce domicile, je me suis
« assuré du décès dudit Achille-Pierre Dionis et
« j'en ai dressé le présent acte que les citoyens
« Pierre Delaunay, concierge, Edme Parquet,
« maire, et Edme Babylone, officier municipal, ont
« signé avec moi. »

Antoine-Pierre Ollivier, membre du Conseil
général de Vernou, qui avait rédigé cet acte,
n'était autre que l'ancien curé de la paroisse de
Vernou, qui avait abandonné la carrière ecclésiastique et se maria le 22 ventôse an II, avec Françoise Régnier, fille de cultivateur. On a pré-
tendu, sans que je puisse affirmer le fait sur une
preuve, que Dionis du Séjour, ayant appris que
Robespierre était mort, alors qu'il était lui-même
sur le point de mourir, sentant que par cette mort
sa vie à lui ne serait plus en danger, manda en
toute hâte l'ancien curé Ollivier à son chevet, et
lui dit : « Ollivier, sauve-moi, et je te donne ma
fortune. » Il était trop tard, le poison avait fait
son œuvre.

Je considère comme un devoir de transcrire ici
un acte de l'état civil de la ville de Fontainebleau,
concernant le mariage d'Alexandre-Pierre Dionis
du Séjour, avec Mademoiselle Marie-Antoinette-
Octavie Rondeau. Ces deux personnages n'étaient
autres que les grands-parents de mes cousins

Dionis du Séjour. Dans cet acte figure comme témoin le citoyen Louis Cardinal Beaurepaire, cultivateur, qui était mon grand aïeul et avait été gentilhomme servant de la reine Marie-Antoinette. Il avait évidemment jugé prudent, à cette terrible époque, de supprimer sa particule et son ancienne qualité. Nous avons la preuve, dans cette intervention comme témoin, de l'amitié qui liait l'une à l'autre, les familles Cardinal de Beaurepaire et Dionis du Séjour. J'ai déjà eu l'occasion de parler de ces relations d'affection dans mon volume *Beaurepaire*.

25 messidor an III. Extrait des registres de l'état civil de la ville de Fontainebleau, an III, déposé au greffe du Tribunal civil de l'arrondissement de Fontainebleau :

« Aujourd'hui 25 messidor an III de la Répu-
« blique Française, une et indivisible, à sept
« heures de relevée, par devant moi Anne-Claude
« Dieppe, officier public de la commune de Fon-
« tainebleau, sont comparus en Maison commune,
« pour contracter mariage, d'une part le citoyen
« Alexandre - Pierre - François Dionis, natif de
« Châtres, domicilié à Paris, rue et section du
« Théâtre-Français, et, d'autre part, la citoyenne
« Marie-Antoinette-Octavie Rondeau, fille mineure,
« domiciliée en cette commune, rue de France,

« Lesquels étaient accompagnés, du côté du
« futur, du citoyen Louis Cardinal Beaurepaire,
« domicilié en la commune de Vernou, district de
« Nemours, du département de Seine, âgé de
« 49 ans, et du citoyen Antoine Balagny, homme
« de lettres, domicilié en cette commune, rue des
« Pins, âgé de 70 ans; et, du côté de la future, le
« citoyen Pierre-Octavien Rondeau, dit Grand-
« maison, frère de la future, domicilié rue de
« France, et du citoyen Marchand, homme de
« lettres, domicilié rue Basse, âgé de 65 ans;

« Moi, officier public, après avoir fait lecture en
« présence des parties et des témoins : 1° de l'acte
« de naissance du futur, qui constate qu'il est né
« dans la commune de Châtres, chef-lieu de district
« du département du Loiret, le 10 décembre 1768
« du légitime mariage de François-Louis Dionis,
« et de Michel-Médard-Augustine Montmireau, ses
« père et mère; 2° de l'acte de naissance de la
« future, qui constate qu'elle est née dans cette
« commune, le 7 août 1774, du légitime mariage
« entre Pierre-Rosalie Rondeau, contrôleur des
« actes, et de Magdeleine-Rose Cardoux, ses père
« et mère; 3° de l'acte de décès de Magdeleine-
« Rose Cardoux, mère de la future, qui constate
« qu'elle est morte en 1782;

« J'ai, etc..... »

Achille-Pierre Dionis du Séjour, a laissé beaucoup d'écrits; il a collaboré avec Laplace et Condorcet à un mémoire curieux sur la population de
la France. Sa sœur Adélaïde-Marie-Geneviève,
morte en 1761, à 23 ans, et lui, furent en corres-
pondance suivie avec Voltaire.

Le chirurgien Pierre Dionis eut aussi, sous Louis
XIV, un commerce constant avec une foule de
notabilités, notamment avec Molière. Il était,
comme le prouve un vieux bail retrouvé à la Bibliothèque Nationale, bail souscrit par lui au sieur
Girard Dehain, propriétaire d'un immeuble rue
Richelieu. D'aucuns prétendent que dans cet
immeuble, le chirurgien eût pour locataire
Molière en personne.

Certains disent à ce sujet, que Madame Dionis,
était en très mauvais terme avec son locataire, et
que celui-ci, pour se venger, avait mis le chirurgien en scène dans l'*Amour Médecin*, sous le nom
de Monsieur Tomès.

S'il en fut ainsi (je ne saurais m'avancer à ce
sujet, car Larousse indique nettement le nom de la
personne que Molière a voulu désigner sous le
nom de Tomès), il faut convenir qu'en cette occu-
rence, la verve du grand comédien fut bien inspirée
par Dionis ou tout autre. Rien n'est plus drôle, en
effet, que le colloque de Lisette et de Monsieur
Tomès, l'une affirmant la mort d'un cocher soigné

par le docteur, alors que l'autre soutient qu'il n'est
pas mort. Hippocrate n'ayant pas prévu dans un
cas semblable une fin aussi rapide. Rien aussi,
n'est plus spirituel et plus amusant que cette con-
sultation de médecins ne pouvant se mettre d'accord sur l'affection de l'amoureuse Lucinde, pres-
crivant l'un la saignée et l'autre l'émétique, et
finissant par conclure qu'après tout la mort
n'était rien, dès l'instant que la malade mourait
après avoir suivi les règles de l'art médical. Le
chirurgien, qui était un savant doublé d'un homme
d'esprit, a dû fortement en rire.

GÉNÉALOGIE

DE LA FAMILLE DIONIS

BIBLIOTHÈQUE NATIONALE DE PARIS

GÉNÉALOGIE DE LA FAMILLE DIONIS

François Dionis avait épousé Anne Picquet, laquelle se remaria avec Jean Degaufreville

Pierre Dionis, maître menuisier à Paris et ordinaire des Bâtimens du Roy, avoit espousé Anne Boudin.	François Dionis, marchand de soye, bourgeois de Paris

Pierre Dionis, 1er chirurgien de M^e la Duchesse de Bourgogne, avoit épousé Marie-Madeleine Duval.	Anne Dionis, F^e de Pierre Perrier, marchand drapier, a présentement une fille, mariée à Sr Pinchon, dont est venu Noël Pinchon, huissier et Conseiller du Roy.	Marie Dionis : 1e à Christophle Desneux, proc^r en la Chambre des Comptes; 2° à Jean Serouge, architecte juré.

N. .... Dionis, escuier, Chirurgien M^r, avait épousé .... n'a point laissé d'enfans.

Dionis, commiss^{re} ordonnateur de la marine, à Nantes.

François Dionis, chirurgien ordinaire de M^e la Duchesse de Bourgogne, a espousé par contrat des 6 et 13 avril 1706, Margueritte Crevon, fille de François Crevon, marchand, et de Margueritte Daumont, sa femme, mort le 8 novembre 1717, et elle le...................

Sr Pierre-Constantin Dionis, Prieur de St-André-de-Durisot, abbé commandataire de l'abbaye de N.-D. de Beaulieu, mort au Marsa 1733.

Marie-Anne Dionis, f^e de Pierre-Nicolas de Lepine, architecte et entrepreneur de bâtimens.

Mme Dionis, Ve de Maître Nicolas Andry, Professeur Royal, Docteur Régent, M^{rt} sans enfans.

Anne-Thérèse Dionis.

Marie-Ursule Dionis.

Angélique Dionis.

François Dionis.

Charles Dionis, docteur en médecine, épouse le........... Andry, fille de Nicolas Andry, docteur en médecine.

Jeanne-Margueritte Dionis, morte fille de.... .... 1732.

Marie-Marguerite Dionis, mariée le ...., à Claude-Adjusteur Josset, Sr de Sartrainville, Lieutenant particulier au Bailliage de Vernon, m^t en 1742.

Charles DIONIS - 1430

De gueules à la face d'or accompagnée en chef de trois flacons
et en pointe d'un lion passant de même.

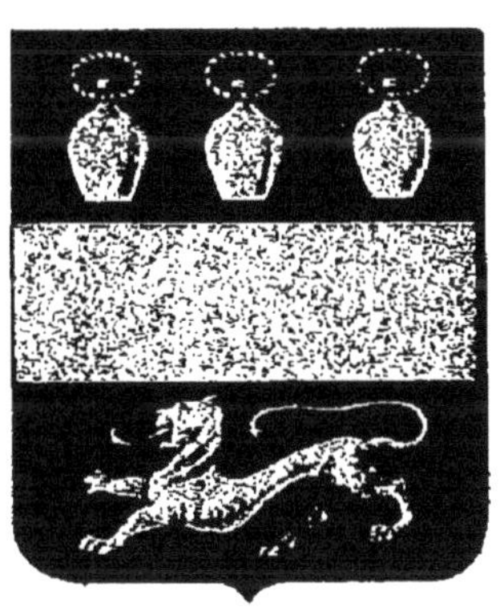

RRE DIONIS, premier
Chirurgien de la Reine et
de Madame la Dauphine
(1680).

PIERRE-ANNE DIONIS, Abbé
de Notre-Dame de Beau-
lieu (Diocèse de Rodez).

NÇOIS DIONIS, Aide-
Major des Armées du
Roi Louis XIV, Chirur-
gien à Paris.

PIERRE-CONSTANTIN DIONIS
Prieur de Saint-Andéol
à Paris et en Bourgogne.

Porte d'azur avec chevron d'or accompagné en chef
de deux étoiles d'argent
et en pointe d'un lion de même.

BRANCHE FRANÇOIS DIONIS

François Dionis, marchand de soye, bourgeois de Paris.

François-Jean Dionis, secrét^{re} du Roy en 1719, doyen notaire au Châtelet de Paris, et échevin en 1698, mort le 11 octobre 1738, dans la 74e année de son âge.

.... Dionis, Sr de Didier, cons^r en notre Parlement.

François-Marie Dionis, payeur des rentes, a espousé le 9 juillet 1727, Louise Moriau, née le 16 février 1707, fille de Nicolas-Guillaume Moriau, procureur du Roy de la ville de Paris, mort le 14 may 1725, et de Marie-Caterine Brisson, le 30 décembre 1721 ; elle est morte le 4 septembre 1742.

N....... Dionis, ... Sr du Séjour, Cons^r en la Cour des aydes, le 22 juillet 1724 a espousé .... Héron, fille unique de Pierre Héron, Cons^r au Châtelet.

N.......... Dionis, ... Commiss^{re} à la conduite d'une Compagnie des gardes du corps, a epousé le 22 sept. 1738 .... de Vérigny.

N........ Dionis a espousé Nicolas .... qu'il .... Moriau, procureur du Roy de la ville de Paris.

Dionis

à

11 François Jean Dionis, né 1664 Ecuyer.
Notaire au Chl.er de Paris, l'echevin de la ville
Secretaire du Roy 1719. mort 1738 âgé 74
Epousa

eus

1.° le Payeur des rentes

2.° le Conl.er des Aydes.

3.° le Comm.re des gardes.

4.° f.lle de Nicolas Guillaume Moreau C.er
Procureur du Roy de la ville.

Du Marie Le Clerc.

Moriau
Héron

De D. Héron
grand [illegible]

Le 11 8bre françois Jean Dionis, Cons.r Secr.re
du Roy, maison, Cour. de France et de ses finances
depuis 1719: Ancien not.re au Chlet. et Ancien Echevin
de Paris, meurut dans la 74.e année de son Age
laissant trois fils. l'ainé payeur des Rentes de
l'hôtel de ville marié avec une Sœur de Nicolas
Guillaume Moriau, procureur du Roy et de la
ville de Paris; le 2.d Cons.r en la Cour des Aydes,
marié avec la fille unique de Pierre Héron,
Cons.r au Chlet de Paris, et le 3.e Commissaire a
la Conduite d'une Compagnie des Gardes du Corps
du Roy, marié le 22. 9bre dernier avec la Delle
de Vezigny, fille unique, et une fille mariée avec
le même Nicolas Guillaume Moriau, procureur du
Roy de la ville de Paris

1738 f

+ françois Jean
Dionis [illegible]
a répété que
Louis Moriau

[illegible]
[illegible]
730

[illegible]
[illegible]
[illegible]
26 [illegible]
1731

[illegible]
Nicolas [illegible]
[illegible]
23 [illegible]
730

OUS estes priez d'assister au Convoy, & Enterrement de Damoiselle Anne Brion; Veuve de Monsieur DIONIS, Marchand de Chevaux, & Bourgeois de Paris, décédée en la maison de Monsieur son Fils, ruë de Versailles: Qui se fera cejourd'huy Mercredy seiziéme Decembre 1744. à quatre heures du soir, en l'Eglise de Saint Nicolas du Chardonnet, sa Paroisse, où elle sera inhumée.

Requiescat in pace.

OUS estes priez d'assister au Convoy de François-Marie DIONIS, Ecuyer, Seigneur du Sejour du Roy, Conseiller-Secretaire du Roy, Maison, Couronne de France & de ses Finances, & Tresorier General, Payeur des Rentes de l'Hostel-de-Ville, decedé en sa maison ruë Michel-le-Comte. Qui se fera Vendredy sumguiéme Octobre 1747. à quatre heures précises du soir, en l'Eglise de Saint Nicolas des Champs, sa Paroisse.

Et ensuite au Transport qui se fera en l'Eglise des RR. PP. Carmes Déchaussez, aux Carrieres prés Charenton, Lieu de sa Sépulture.

Requiescat in pace

OUS estes priez d'assister au Service que Messieurs les Marguilliers de la Paroisse de Saint Jean en Gréve feront faire pour le repos de l'Ame de Me François DIONIS, Ancien Conseiller du Roy, Notaire au Chastelet de Paris, Ancien Marguillier de sa Paroisse.

Vendredy quatriéme Juin 1745 à neuf heures du matin, en ladite Eglise, où il est inhumé. Messieurs & Dames s'y trouveront, s'il leur plaist.

Un De profundis.

OUS estes priez d'assister au Convoy.^a d'Augustin-Pierre DIONIS DES CARRIERES, Ecuyer, Seigneur de Varatre, la Motte, la Mairie, Graville, Eschainvilliers, & autres Lieux, Lieutenant de Roy de la Province de Guienne, Chevalier de l'Ordre Royal & Militaire de Saint Loüis, Ancien Commissaire des Gardes - du - Corps du Roy, Compagnie de Beauveau, & Conseiller - Secretaire du Roy, Maison, Couronne de France & de ses Finances, décedé en sa maison rüe Barbette ; Qui se fera cejourd'huy Mercredy 24e. Octobre 1759. à quatre heures précises du soir, en l'Eglise de Saint Gervais, sa Paroisse.

Et ensuite au Transport qui se fera en l'Eglise des R R. P P. Carmes Déchaussez aux Carrieres, près Charenton, Lieu de sa Sépulture.

GÉNÉALOGIE DE LA FAMILLE DIONIS

par E. DIONIS DU SÉJOUR, ancien médecin militaire

François Dionis marié à Anne Picquet

2 fils

1°	2°
Pierre Dionis	François Dionis
maçon, menuisier à Paris et ordinaire du Roy	marchand de soye, bourgeois de Paris
marié à Anne Baudin.	marié à N............
3 enfants.	2 enfants.
Branche du chirurgien.	Branche des Dionis du Séjour.

FRANÇOIS DIONIS, ÉPOUX D'ANNE PICQUET

François Dionis, marchand de soye, bourgeois de Paris, marié à ....

2 enfants.

François-Jean Dionis, l'aîné, doyen des notaires au Châtelet, échevin de Paris en 1698, secrétaire du Roy en 1719, décédé le 11 octobre 1738. Marié à Nicolle Chaud, fille de Chaud, conseiller et maître au Châtelet. — 3 enfants.

Demoiselle N... Dionis, femme de N.... Didier, notaire et procureur au Parlement de Paris.

Joseph Dionis, [abb]é de Cuissy, gé[nér]al des Prémon[trés], mort le 30 janvier 1733, âgé de ... ans.

Louis-Achille Dionis du Séjour, conseiller et doyen de la Cour des Aydes, né le 17 septembre 1702, décédé le .. prairial. Marié à Mademoiselle Geneviève-Madeleine Héron, notaire au Châtelet de Paris. — 2 enfants.

François-Marie Dionis, trésorier-payeur des rentes de la ville de Paris, né le........ décédé le 19 octobre 1747. Marié à Louise Moriau, fille de Nicolas Moriau, procureur du Roy et de la ville de Paris. — 2 enfants.

Auguste-Pierre Dionis des Carrières, commissaire des guerres à la conduite d'une compagnie des gardes du corps, compagnie Charost, né le .... décédé le.. ...... Marié à Mlle Marie de Verigny. — 1 fille

Marie-Françoise Dionis, née le . .... décédée le...... .. Mariée en 1res noces à Antoine Moriau, procureur du Roy à l'Hôtel-de-Ville; Mariée en 2mes noces à Joseph-Marie Ducos, comte de la Hitte, décédée sans postérité.

Achille-Pierre Dionis du Séjour, conseiller au Parlement de Paris, membre de l'Assemblée Nationale, membre de l'Académie des Sciences, né le 18 janvier 1733, décédé sans enfants à Vernou, en 1794.

Adélaïde-Marie-Geneviève, née le 14 juillet 1748, décédée le 16 mars 1761. Sans postérité.

François-Louis Dionis du Séjour, né le 26 octobre 1731, décédé le 2 floréal an III. Marié à Michelle-Médard Anquetin de Montmireau. — 6 enfants.

Antoinette-Nicolle Dionis, née le 26 octobre 1731. Mariée à Nicolas-Auguste Chuppin, trésorier du Marc d'Or.

Marie-Nicolle Dionis des Carrières. Mariée à Albert, marquis de Romé, décédée en 1818. Sans postérité.

DESCENDANTS DE FRANÇOIS-LOUIS DIONIS DU SÉJOUR

6 enfants.

1. Achille-Marie-Louis Dionis du Séjour, né le 17 février 1781, capitaine au Régiment Royal (Infanterie), marié à Anne-Victoire-Françoise Lelorier de Giverny, décédé sans postérité à Vernon (Eure), 1844.

2. Michel-Médard Dionis d'Avrigny, né le 18 juillet 1762, lieuten' au régiment de Bourbon (infanterie), décédé le 23 octobre 1818. Sans postérité.

3. Antoinette-Nicole-Marie, née le 6 mars 1764, décédée à Guignes (Seine-et-Marne), 19 mai 1823. Sans postérité.

4. Marie-Henriette, née le 4 octobre 1765, décédée le 8 janvier 1766. Sans postérité.

DESENDANTS DE FRANÇOIS-LOUIS DIONIS DU SÉJOUR *(suite)*

5. Antoine-Jean-Baptiste Dionis des Carrières, meunier, né le 11 octobre 1767, marié à Aglaé Foulière, décédé le ....

5 enfants.

1		2	3	4	5
Esprit-Brutus Dionis des Carrières, marié à Aglaé-Désiré Lambri. 2 enfants.		Achille-Louis-Antoine Dionis des Carrières. Sans postérité.	Aglaé Chaptal Sans postérité.	Blanche. Sans postérité.	Adolphe-Jacques-Jérôme Dionis des Carrières. Sans postérité.
Juste-Victor-Achille Dionis des Carrières, Dr en médecine, chevalier de la Légion d'honneur. Marié à Blanche Claster. 1 enfant.	Blanche - Théodorine. Sans postérité.				
Marie Dionis des Carrières, mariée à N.. Por, ingénieur des ponts et chaussées. 2 enfants.					
Achille Por, lieutenant d'artillerie.	Joseph Por, enseigne de vaisseau.				

François-Jean DIONIS

Conseiller du Roi
Doyen des Notaires au Châtelet de Paris
Échevin de Paris en 1698

Porte d'azur à trois ananas d'or
posés en pal 2 et 1
et un chef d'or chargé d'une croix
potencée de gueules.

Porte d'or à trois ananas
au naturel 2 et 1
et un chef de gueules
chargé d'une croix potencée d'or

ACHILLE-PIERRE DIONIS DU SÉJOUR

Écuyer, Conseiller-Secrétaire du Roi
Membre de l'Académie des Sciences
Député à l'Assemblée Constituante

1734-1794

Porte d'or à trois ananas au naturel
tigée et feuilletée de sinople
au chef de gueules chargé d'une croix potencée d'or.

DESCENDANTS DE FRANÇOIS-LOUIS DIONIS DU SÉJOUR *(fin)*

Alexandre-Pierre-François Dionis du Séjour, né le 10 décembre 1768, juge au tribunal civil de la Seine. Marié à Octavie Rondeau. Décédé le..... ....1843. — 4 enfants.

1

andre-Pierre Dionis du Séjour, né le 1er juillet 1796, : 1° à Aline Matagrin; 2° à Rosalie Lesourd; procureur à Nogent-le-Rotrou, Coulommiers, Châteaudun, Auxerre, (1831-1846); juge de paix des 6e et 12e arrondissements ris (1846-1862); chevalier de la Légion d'honneur; le 15 avril 1862.
3 enfants issus de son premier mariage.

1	2	3
re - Antoine - uel, né le 1839, méde- itaire, cheva- e la Légion eur. Marié à Erhardt. 1 fille.	Marie - Ludovic, né le.. ... . architecte de la ville de Paris. Marié à Marie Pavet de Courteille. 5 enfants.	Henri-Marcel, né le .... Marié à Clotilde Foughadoire. 2 enfants.
e - Rosalie - tte - Justine - erite Dionis our.	1° Louise, mariée à Emile Speth. 2° Gustave, lieutenant d'infanterie coloniale. 3° Madeleine. 4° Marcel. 5° Jules.	1° Pierre, Dr en médecine, professr adjoint à l'École de médecine de Clermont-Ferrand. 2° Emmanuel, administrateur adjt de la commune mixte d'El Mahder (Algérie).

2

Adolphe-Antoine-Victor Dionis du Séjour né le ...., lieutenant-colonel d'artillerie, officier de la Légion d'honneur; marié à Marie Van Cléemputte, décédé le...............

3 enfants.

1	2	3
Edmond, marié à .... Sans postérité.	Henri, marié à.... 1 fille.	Lucien, marié à..... 1 fils.
	Gabrielle.	Edmond.

3

Edmond Dionis du Séjour, marié à Thalie Pauthier.
2 enfants.

1	2
Georges, marié à .... 2 enfants.	Aimée. Sans postérité.
1° Edmond. 2° Albert.	

4

DESCENDANTS DE ANTOINETTE-NICOLLE DIONIS

ÉPOUSE CHUPPIN

1	2
Adélaïde-Sophie-Marie Chuppin, épouse de Auguste-Langlois de Pommeuse, conseiller au Parlement de Paris.	Antoinette-Geneviève Chuppin, épouse de Louis Maussion de Condé, conseiller au Parlement de Paris.
Sans postérité.	3 enfants inconnus.

Château d'Argeville 1806-1905.

CHAPITRE V

Successeurs d'Achille-Pierre Dionis du Séjour. — Aliénations successives. — Familles Bontus, Crosse et Danvin.

A la mort d'Achille-Pierre Dionis du Séjour, Argeville devint la propriété de son père, Louis-Achille Dionis du Séjour, ancien conseiller et ancien doyen à la Cour des Aides, son unique héritier. Louis-Achille Dionis du Séjour était fort riche et possédait à Paris, un superbe hôtel, rue Sainte-Avoye. On racontait jadis à son endroit, une anecdote assez piquante.

Il marchait difficilement, à cause de son grand âge : de mine fatiguée, négligé dans sa mise, il avait pris l'habitude de faire porter un fauteuil après son dîner, devant la porte cochère de son hôtel et s'y asseyait pour se recréer de la vue des passants.

Or, un soir, l'un de ceux-ci jugeant, d'après les apparences, que c'était un pauvre, lui mit dans la main deux liards que Dionis du Séjour accepta pour ne pas l'humilier par le refus d'une aussi maigre aumône et qu'il s'empressa de remettre à un plus indigent, en y ajoutant un sérieux appoint.

L'ancien conseiller à la Cour des Aides survécut peu de temps à son fils et mourut intestat le 30 floréal, an IV. La licitation d'Argeville fut alors poursuivie entre ses héritiers : sa nièce, Marie-Nicolle Dionis des Carrières, veuve de Romé, qui venait dans la succession pour moitié, et ses petits-neveux Antoine-Charles et Antoinette-Catherine Maussion de Condé, Achille-Marie-Louis Dionis, Jean-Baptiste-Marie Dionis des Carrières, Alexandre - Pierre - François Dionis du Séjour, Michel-Médard Dionis Davrigny, Antoinette-Marie Dionis du Séjour, épouse de Monsieur Huré, pour l'autre moitié.

Voilà comment Argeville sortit du patrimoine des familles Héron et Dionis du Séjour.

A la suite de la licitation, intervint un jugement de l'audience des criées du Tribunal civil de la Seine, en date du 3 nivôse, an VI, déclarant Monsieur Gaspard Dumorey, adjudicataire de la terre

Allée des Marronniers.

d'Argeville, ses contenances et dépendances, pour la somme de 161,050 livres. L'importance de cette terre était alors identiquement la même qu'au moment de la mort des Dionis du Séjour, fils et père.

Gaspard Dumorey n'est pas qualifié dans le titre d'acquisition; il paraît avoir été, d'après les souvenirs des propriétaires actuels, consul ou secrétaire d'ambassade, et avait pour gendre, le baron Salvage.

Le 4 germinal, an X, Gaspard Dumorey vendit Argeville à sa femme, par acte passé devant Boisseau, notaire à Paris. Le château d'Argeville existait encore en 1806, quand, par contrat passé devant Bénard, notaire à Fontainebleau, le 8 septembre de cette année, Madame Dumorey le vendit à Monsieur Bonnissant, avocat et notaire à Moret. Mais Madame Dumorey ne vendait guère que le terrain, car la désignation de l'objet vendu est ainsi complétée :

« Ne sont point compris dans la présente vente
« et en demeurent formellement exclus, tous les
« matériaux généralement quelconques à provenir
« de la démolition, que ladite dame Dumorey sera
« tenue de faire faire dans l'espace d'un an, au
« plus tard, dudit cy-devant château, des bâti-
« ments, des communs, de la cuisine et des deux
« pavillons étant de chaque côté de la grande grille
« d'entrée seulement, tous autres bâtiments de-

« vant rester sur pied et appartenir intégralement
« à l'acquéreur. »

C'est donc en 1806 que le château fut démoli,
mais cette démolition ne paraît pas avoir été tout
à fait aussi complète qu'on avait le droit de l'exiger,
puisque le bâtiment de la chapelle existe encore,
ainsi que les communs des cuisines et les caves de
l'ancien château, qui constituent le château actuel.

Le bois et la ferme de l'Argenterie furent également
ment vendus par Madame Dumorey, en 1806.

Le 10 mai 1822, par contrat passé devant Gon-
douin, notaire à Paris, Monsieur Louis Baron, propriétaire à Paris, achetait de Monsieur Bonnissant,
les parc et château d'Argeville, et le 10 février
1840, par contrat passé devant Houllier, notaire à
Paris, il les revendait à Madame veuve Bontus, née
Adélaïde Finot, déjà propriétaire des fermes.

C'est à compter de cette date que la terre d'Argeville, telle qu'elle existe aujourd'hui, devint la
propriété des familles Bontus, Crosse et Danvin,
familles charmantes qui ont laissé dans l'esprit de
tous ceux qui les ont connues, de si durables souvenirs.

Je me rappelle encore l'hospitalité si cordiale
qu'elles nous ménageaient, soit au retour des

Grande Allée du Parc.

.chasses, soit au moment des fêtes d'août; et ces bals champêtres à la lueur des girandoles, sous les tilleuls du parc où nous mêlions nos danses à celles des villageois et villageoises, bals qui rappelaient, par leur simplicité et leur gaieté, les heureux temps d'un autre âge. Monsieur Crosse était alors maire de Vernou, et, secondé par sa femme et ses quatre filles, accueillait ses visiteurs avec une exquise bienveillance. C'était un homme du monde, doublé d'un érudit et très intéressant causeur.

Madame veuve Bonlus s'éteignit à Paris, le 16 février 1868; sa fille, madame veuve Crosse, à qui elle avait fait donation d'Argeville et des fermes, le 27 mai 1856, par actes passés devant Madre et Houllier, notaires à Paris, mourut à Argeville le 17 novembre 1891. Elle laissait pour seul héritier, son fils Charles-Hippolyte Crosse. A la mort de ce dernier à Argeville, le 7 août 1898, toute la propriété d'Argeville, comprenant le château et le parc, les fermes de la Grand-Maison, du Croizier et de Champrond, fut attribuée, par acte passé à Paris, le 14 février 1900, devant Robin et Hardivilliers, notaires, à Madame Marie-Amélie-Alice Crosse, seconde fille de Monsieur Crosse, mariée à Monsieur Danvin, notaire à Boulogne-sur-Seine.

Telle est l'histoire d'Argeville, de 1421 à 1905. Je la livre à la curiosité des lecteurs, en réclamant leur indulgence et en évoquant encore la pieuse mémoire de tous ceux qui ont habité et aimé ce vieux château.

FRANCK MATAGRIN.

Melun, le 1er Septembre 1905.

ARCHIVES

ET DOCUMENTS

VERNOU-EN-BRIE

DOCUMENTS COMPLÉMENTAIRES

ARCHIVES NATIONALES

1352

Robin le Mercier, de Vernou, vend une pièce de terre contenant 5 quartiers, à Vernou, mouvant de la damoiselle de Mazangy, pour 2 deniers parisis de cens.

1354

Jean le Cochois, de Vernou, vend un 1/2 arpent de terre, à Vernou, lieu dit Champ-Rond, mouvant de damoiselle Phelipe de Mazangy.

1362

Jean de la Brou, écuyer et damoiselle Jeannette, sa femme, vendent leur maison de *Mazangi* et ses appartenances, prés, terre, vignes et redevances.

Jehan le Nein, laboureur à Vernou, reconnaît devoir payer annuellement au prieur et au couvent de N.-D. de Vauvert-lez-Paris, « de l'ordre de Chartreuse », 16 s. parisis de rente à percevoir sur une maison, grange, cour et jardin et vigne contenant 3 arpents ou environ, sise à Vernou.

(5 juillet 1464)   *(A. Nat. S. 292.)*

Jehan des Haies, de Vernou, vend à Maître Nicole de Veizes, chanoine de N.-D. de Paris, secrétaire du roi, 12 s. t. de menus cens et 9 s. t. de *croix de cens* à prendre sur un héritage sis à Mongillart avec 3 mines de froment et 3 septiers d'avoines, mesure de Moret, appellés les censives et coustumes de Mongillart, mouvant en fief de l'acheteur à cause de son hostel de *Masengi*. (Avril 1372.)   *(A. Nat. S. 292 carton.)*

En 1548, *Nicolas de Soissons* était seigneur de Maraugis.   *(S. 292 carton.)*

Hugues, doyen de N.-D. de Paris, fait savoir qu'un archidiacre de l'église de Chartres, B. [arthélemi] possède depuis très longtemps la prévoté de Vernou, a dépensé beaucup pour l'améliorer et a même acheté au chapitre de N.-D. la dîme que celui-ci possédait sur cette terre.

Les chanoines déclarent que B. et celui qui après lui possédera la prévôté devra payer chaque année, 60 sous au chapitre.

Après la mort de B., la moitié de cette somme sera distribuée aux chanoines qui auront été présents à son service.

(Sans date.)   *(A. Nat., LL. 76. p. 258.)*

Démêlés entre l'Abbaye de Preuilly et Notre-Dame de Paris, à propos des pâturages de Vernou.

Les gens du chapitre de N.-D. voyant les bêtes de l'abbaye de Pruilly dans leurs pâturages s'en saisirent et les conduisirent en la granche dîmeressé des Essarts appartenant au chapitre. Le fermier qui tenait la grange dîmeresse et envoya les dictes bestes pasturer ès pasturages assez prez de la dicte granche aux champs et pour plus seurement garder les dictes bestes, il y avoit .ij. bergiers ; le bergier des diz religieux et un autre bergier que le fermier de la dicte granche des diz doyen et chapitre y avoit mis, et quant les dictes bestes estoient aus champs, lors et là vint Jehan le Leu et sanz venir à la dicte granche ne en la maison du dit fermier qui est assez pres de la dicte granche ne sanz appeller les dictes gens des diz doyen et chapitre, lé diz Jehans le Leu avecques un convers de Pruilly et plusieurs autres qui estoient en la compaignie, par leur force et violence, contre la volonté du chapitre et de sa gent, en leur absence et sanz euls appeller, indeuement et clandestinement envoièrent les dictes bestes devers les religieus li en baillast copie et que volentiers enclineroit à ce que raison donrroit et lors lé dist J. le Leu que dedans le jeudi ensuivant, il li bandroit la copie de sa commission ; lequel me le fist pas dedans lé juedi, mais au dit juedi vint le dit J. le Leu parler audit fermier et quant le dit fermier aloit querre un clerc pour faire lire la commission pour ce qu'il ne scet lire et pour respondre ce qu'il devroit au dit J. le L., ledit J. le Leu si tost comme il vit que ledit fermier aloit querre le dit clerc le dit Jehan le Leu s'en ala, fuiant au chastel de Verno et par sa force et violence volt oster les dictes bestes et emmener et s'en efforça, et la gent del'Hostel li didrent que il attendist le fermier, lequel ne le volait faire, mais par la force de lui

et de la gent qui estoient aveques lui bien cinquiéme,
par sa force et par sa violence s'efforçoit tousjours de
oster les bestes, mais la gent de l'ostel ne le souffrirent
pas et lors lé gardiens du chastel ferma les portes et
bien demandèrent le pooir audit J. le Leu, lequel dist
qu'il ne leur en monstreroit poinct et qu'il ne leur dain-
gneroit monstrer, en leur granche d'Escho et quant que
l'en emmenoit les dictes bestes et qué elles fucent ja
bien loing, lors ala le dit Jean Le Leu à la maison du
dit fermier ét trouva deuz pucellétes qui sont filles du
dit fermier et un vallet du fermier qui tailloit en une
vigne delez ; lequel vallet il fist venir en la court et lors
le dit Jehan le Leu dit au dit vallet qu'il en faisoit mener
les bestes à la granche d'Escho de par le roy et lors le
dit vallet du dit fermier li dist qu'il faisoit mal et qu'il
appellast son maistre et la gent du dit chapitre, lequel
n'en volt riens faire et s'en parti *sanz autre procès faire*...
La gent du dit chapitre ne furent onques appellez né
adjornez et si en fist aler les bestes le dit Jehan le Leu
avant ce qu'il venist à la maison du dit fermier ne en la
dicte granche ne demeure pas le dit fermier, mais demeure en un hostel illec près que l'en appelle la Maison au feu doyen Lucas et bien sçot sa demeure le dit
Jehan le Leu et aussingues le sçovent bien lesdiz religieus. . . . .

A la relation du dit Jehan le Leu, si la faisoit autre
que dessus est dit, l'en ne devroit pas adjouster foy,
pour ce qu'il est du bienfait, familiers et des robes des
diz religieux et a toute sa chevance de euls et bien est
acoustumez de faire relacions pour euls indeues !

Four les bestes ravoir, les diz doyen et chapitre en-
voiérent bien empétrer une lettre de justice encontre les
diz religieux et contre le dit gardien devers le roy ou
devers sa court, mais avant que les diz doyen et cha-

pitre poissent user de leur dicte lettre de justice, les diz religieux envoièrent pasturer leurs bestes ès pasturages et ou térronoir des diz doyen et chapitre, et lors, le fermier des «   » et   » prist les bestes des diz religieux ès pasturages du chapitre, pasturaus et à garde fait et mena le dit fermier les dictes bestes ou chasteau de Verno, en prison, qui est aus diz doyen et chapitre !

Lors le dit J. Le Leu vint à Tavers à la dicte granche dixmeresse pour requerre les bestes, à un lundi et le dit fermier li dist que il li monstrast son povoir et que il donnant a entendre que le fermier avoit accordé au dit J. le Leu qu'il emmenast les dictes bestes, lequel dit J. le Leu ne disoit pas voir et donnait faus à entendre, car en vérité le dit fermier ne li avoit onques accordé, mais s'en estoit départiz dudit fermier clandestinement, indelmement et malicieusement.

(Cet intéressant document non daté, est de la fin du XIIIe ou commencement XIVe.)

(S. 285).

Hubert de Vernou. — Etait homme lige du comte de Champagne et vivait vers 1200-1201.

(Cf. *Lougnon (Aug.)*, op. cit. T. I, p. 36, col. 2, n° 2329.)

Etat (dressé au XVIIIe) des titres concernant les Seigneuries de la Grande-Paroisse, Vernou et Machau.

1202

Philippe-Auguste notifie que le chapitre de N.-D. de Paris a donné à défricher à Gautier 240 arpents de forêt entre Vernou et Machau, à la charge de les réduire en terres labourables et de payer 2 d. de cens par arpent, avec la dîme et le champart.

22

Avril 1204

Blanche, comtesse palatine de Troyes, étant à Lagny, fait savoir que le chapitre de N.-D. a donné à Thierry de Corbeil 120 arpents de forêt sis vers Montereau, aux mêmes charges qu'en l'article précédent.

1205

Philippe-Auguste fait savoir que le chapitre a donné à Eudes *le Cuisinier* (! ? !) 120 arpents de leur forêts vers Machau, à raison de 22 pieds pour perche, à défricher, au mêmes charges que ci-dessus.

Mars 1218

Philippe-Auguste fait savoir que les hommes de Moret ont quitté et cédé au chapitre de N.-D. de Paris, le droit d'usage qu'ils avaient dans les forêts de Vernou, moyennant 500 arpents qu'il leur a donné à défricher en lesdites forêts, à la perche du roy, et à la charge de payer. 4 d. de cens au chapitre.

1219

Le chapitre donne à Etienne de Haut-Villiers 100 arpents des forêts de Vernou à défricher, moyennant 4 d. de cens par arpent.

Août 1225

Le chapitre a donné à Aubry et à Guillaume, chanoines de Paris, toutes les forêts et nouveaux essarts dépendant de la prévôté de Vernou, à la charge de 4 d. de cens par arpent.

1227

Pierre de Chambly reconnait avoir pris à perpétuité du chapitre de N.-D. 200 arpents des forêts de Vernou pour les faire défricher, à la charge de 4 d. de cens par arpent.

1336

Sentence arbitrale entre le couvent de Frully et N.-D.
de Paris (analysée ailleurs).

15 octobre 1498

Denis Lambelin reconnait être propriétaire d'une pièce
de terre, partie en friche, bois et buissons contenant
100 arpents assise au terroir et finage de Vernou, lieu
dit le Charon, tenant aux terres de la Sablonnière et d'un
bout au chemin qui vâ de Machau à Montereau qui sont
chargés à raison de 4 d. de cens envers le chapitre de
Paris.

17 septembre 1510

Cession faite au chapitre de N.-D. *(on ne dit pas par
qui)* de 240 arpents de bois et forêt joignant la Maye de
Brie, appellés les bois de N.-D. tenant aux moines de
Frully, une grande voirie entre deux.

Nota : Messieurs du chapitre alliennèrent leurs terres
de Vernou et Machau en *1596* et sont rentrés en possession d'icelles en *1679*.

— Aveu rendu au roi le 6 septembre 1669 par Madame
Marie de Balsac, épouse séparée de biens d'avec M. le
comte de Marchain, dans lequel se trouve le détail de la
terre de Vernou et ses dépendances et il y a entre autres
choses 100 arpents de friches au lieu dit les Marais.

Et encore le détail de la terre de Machau où il est dit
entre autres choses qu'il y a une pièce audit terroir, lieu
dit les Saboliers qui coutient 121 arpents et demi.

1698

Copie d'un « Etat contenant les héritages qui ont appartenu à M. de Bernage, baron de Veuil, assis dans
la Seigneurie de Vernou, ledit état envoyé par le fermier.

Du 19 juillet 1701, copie collationnée par François Ville, commis à la confection du terrier de Vernou, de la déclaration fournie par M. de Poussemotte, comte de Graville, pour raison du moulin de Nanchon et des terres dépendantes de sa ferme de Chally (?) qui sont dans la censive du chapitre à cause de leur terre de Vernou.

Du 11 septembre 1722, transaction entre MM. du chapitre, Seigneurs de la Grande-Parroisse, de Vernou et de Machau et Mʳ Mouffle, Seigneur de Champigny, cy-devant de l'Hopiteau, par laquelle est réglé ce qu'il tient en censive du chapitre, passée par-devant Mᵉ Durant, notaire à Paris.

— Du 3 sept. 1731, déclaration passée devant M. Linacier, notaire à Paris par M. Louis Héron pour ses fermes de l'Argenterie, du Ru du Biez, du Cerisier, 29 arpents de bois et 16 arpents, 22 perches de pré à Vernou.

— Du 5 août 1735 et du 3 nov. 1736, deux déclarations par M. Catherinet pour ses fermes de la Roche, de la Maison-Neuve et d'Ecuelles.

— Du 15 juin 1738, déclaration par Jean-Louis More, procureur au Parlement, à cause de la Damoiselle Duverneys, son épouse, pour raison de la ferme de Froidefontaine et ses dépendances.

— Du 9 juillet 1738, autre déclaration par M. François Duverneys, prêtre, pour sa ferme des Logés.

— Du 5 mai 1738, autre déclaration par Madame Marguerite Hureault de Veuil, veuve de M. d'Appe Ville, pour raison de partie des terres qui composent la ferme et seigneurie de Rubrette et la ferme de Vauroux.

Le 22 décembre 1487, le chapitre de N.-D. donna à bail, moyennant un cens, a Guillaume Royer la ferme de la Petitre Coudraye.

Le 5 novembre 1450, Jannet le Roux, vendit à Guillaume le Nain l'Hostel Chevry, sis à Vernou, mouvant de Marangis.

Au 1 mai 1731, le curé de la Grande-Parroisse s'appellait Amette.

En 1303, Jean de la Branche, chevalier, vendit au chapitre de N.-D. de Paris 50 arpents ou environ de bois avec le 1/3 d'une maison appellée la Coudraye en la parroisse de Forges.

1234

L'abbé de Prully et son couvent font savoir que le chapitre de N.-D. de Paris a ratifié moyennant 220 liv. parisis l'acquisition par eux faitte de 20 arpents de terre des essarts de l'église de Paris sis à Vernou près la terre de Choz et de la grange dudit couvent. Moyennant cette somme, le chapitre leur a cédé toute la justice haute et basse, cens, rente, seigneurie, droit et juridiction qu'ils avaient dans les 20 arpents, à la charge que les moines n'y pourront faire de métairie ou de forteresse.

1336

Transaction par laquelle le chapitre de N.-D. et les moisnes de Prully, ordre de Citeaux, terminent les différends qui les divisoient au sujet du paturage de leurs bestiaux au terroir et sur le domaine du chapitre, dépendant du dimage des Essarts et de Vernou en la Grande-Parroisse; il est dit que les moines auront droit de paturage seulement dans tous les lieux vagues et inutiles qui se peuvent clore et enfermer. « Et ne pourront mener leurs bestiaux ès lieux semez jusqu'à ce que les moissons soient levées, ny prétendre aucun droit que le paturage; la juridiction, seigneurie, propriété et possession demeurans à M. M. comme auparavant; et en reconnoissance de cette permission aussi a eux accordée, ils payeront au fermier de la dixmeresse des dits sieurs du chapitre 12 d. parisis de cens par an. »

1500

Philippe Rigollet vend à Me Jean de Hacqueville, maître des comptes, une maison, grange et étables, avec 49 arpents tant terres que prés et 1/2 arpent de vigne, sis à Froidefontaine.

1535

Le 22 octobre 1535, Marie de Hacqueville, veuve de feu Jaques de Viersac ratifie la vente faite le 15 oct. 1535 par son procureur Louis de la Chapelle à Me Gabriel de Marlhac, avocat en la cour, de tous les héritages et droits lui appartenant à Tavers et aux environs, à cause de la succession de feu Jean de Hacqueville et Isabelle de Papillon, ses pères et mère, savoir la ferme et métairit de Froidefontaine avec la 4e partie d'une maison et appartenances sise à Tavers appellée la Tournelle, moyennant 3600 liv. tournois.

1550

Le 19 décembre 1550, Me Gabriel de Marlhac, conseiller et avocat du roi en la cour, vendit à Messire Anne de Montmorency, connestable et grand-maître de France, Froidefontaine avec d'autres héritages moyennant 6013 liv. tournois.

1551

Le 11 septembre 1551 le chapitre s'en rendit propriétaire en donnant en retour à A. de Montmorency, à titre d'échange, 130 liv. 12 s. 6 d. de rente ancienne et amortie qu'il prenait tous les ans sur le Duché de Montmorency et sur le travers et péage de la seigneurie de St-Brice et Franconville.

1622

En 1622, (— à la suite de circonstances que le chanoine qui rédige ces notes déclare ignorer totalement) un décret du Châtelet, du 16 avril adjugea à Me Pierre de Bernage, avocat au conseil privé du roi la ferme de Froidefontaine avec ses dépendances et 163 arpents de terres labourables et paturages. .

1704 et 1705

Etienne et Jacques Fouquet, receveurs de la terre de la Grande-Parroisse.

1704

Deligna, notaire à la G.-P.

1704

Jean Gazé, garde des plaisirs du roi, demeurant à Champigny.

1705

Laurent de Launoy, avocat et tuteur honoraire de Mo Pierre de Bernage.

29 Mars 1641

Bail de la ferme et basse-cour du château de Ruberctte par M. le baron de Vueil à Quantin Langlois, praticien.

Mars 1641

Bail de la ferme de Chautchieu (?) par M. Claude *Hurault*, chevalier, baron de Vueil, à Pierre Beaufol, laboureur, demeurant à la susdite maison et ferme.

Juin 1641

Bail de trois *vaches*; bailleur: M. Anthoine de *Monthaumer;* preneur : Quantin-Langlois.

1641

Messire Jean Berger, prêtre, prieur-curé de la Grande-Parroisse.

1642

Antoine de Monthomer a pour femme Madelaine Hurault.

1642

Messire Philippe Bourgineau, prieur-curé de la Grande-Parroisse.

1642

Jean le Maistre, receveur de la seigneurie de la Grande-Parroisse.

1648

Mention de Louis Hurault, chevalier seigneur de St-Germain et M. le baron de Vueil, *son frère.*

27 Juillet 1648

Bail du Petit-Moulin par Damoiselle Jeanne de Beaurepaire, bailleresse, à Edme Narfo, meunier au petit moulin de la Basse-Roche.

8 Novembre 1648

Testament de Messire Ferault le Bourgeois, prêtre, vicaire de St Germain de Cellés.

1648

M. Le Plaideur, receveur de la Gr.-Parr.

1648

Jerosme d'Erval, escuyer, sieur de l'Hopitau.

1635

«... la dame de Proissy, veuve de M⁰ Claude Hurault.

1635

« Le sieur Bergier, curé de la Grande-P. (le même que Berger). »

Frédéric de Montereau, ayant fait bâtir une maison dans des bois sis dans la seigneurie de Vernou, près des Forges, et appartenant à N.-D. de Paris, le comte de Troyes, Thibaut, fut choisi comme arbitre par Hugues I, doyen de N.-D. de Paris.

L'an 1200, le comte déclara que Frédéric avait lésé le chapitre et lui défendit de continuer à essarter dans ces mêmes bois; les terres déjà essartées firent retour aux chanoines.

(*Gallia Christiana*, T. VII, col. 199.)

Ce même Hugues donna à Gautier, le Jeune, fils de Gautier le chambrier 240 arpents de bois appartenant au chapitre, situés entre Vernou et Machau (Macheolum) (1202).

(*ibid.* col. 199.)

En considération de la requête que le chapitre de N.-D. lui a fait porter par l'archidiacre Geoffroi et Maître Gautier, chanoine de Paris, l'archevêque de Sens accorde au chapitre, après avoir pris l'assentiment des curés de Vernou et de Celles, le droit de percevoir la dîme des bois essartés dans la prévôté de Vernou. Mais N.-D. devra prendre sur la dîme 8 setiers de grain, (à savoir 2 de froment, deux d'orge, deux de seigle et deux d'avoine) qu'elle donnera tous les ans au curé de Vernou, et autant au curé de Celles. (1218, Décembre.)

(*A. Nation.*, LL. 76, p. 249.)

Le roi de France fait savoir que son chateau de Moret possédait le droit d'usage dans tous les bois appartenant à N.-D. de Paris et sis dans la prévôté de Vernou. Les habitants de Morel abandonnèrent entre les mains du chapitre de N.-D. de Paris ce droit d'usage, à perpétuité, mais le chapitre leur donna 500 arpents à essarter dans ces bois, à la charge de payer chaque année, par arpent, 4 deniers, monnaie de Provins, de cens, le lendemain de la Toussaint. Ils devaient en outre, abandonner comme dîme la 11e gerbe et de la façon suivante:

Chacun d'eux, lorsqu'il liérait ses gerbes, était obligé de les faire compter par un sergent de N.-D., s'il en pouvait trouver un dans les champs. S'il n'en trouvait pas il devait en réclamer un à Vernou, au domicile du prévôt. S'il n'en trouvait pas davantage en cet endroit, le villain pouvait emporter sa récolte, mais à la condition de laisser dans le champ, la dîme calculée consciencieusement (bona fide).

— (Mars 1218. St-Germain-en-Laye.)

(*A. Nat.*, LL. 76, p. 249.)

Etienne de Reims était doyen de N.-D. de Paris dès 1216
(*Gallia Christiana*, T. VII, col. 202.)

Etienne, doyen de N.-D. de Paris accorde au nom du chapitre à Messire Etienne de Hautvilliers (de Alto villari) et à ses héritiers 100 arpents du bois du chapitre, à l'arpent de Vernou; à la condition qu'il les essartera et les convertira en terres labourables; il paiera pour chaque arpent 4 d. provenisiens de cens, tous les ans, le lendemain de la Toussaint. (1219).   (LL. 76, p. 266.)

Gautier ✝ de Sens (1°) fait savoir que Guillaume de la Broce (de Brocia), chevalier a vendu au chapitre de N.-D. ce qu'il possédait au moulin de la Roche (ne Ruppe) sis en la paroisse de Vernou moyennant 100 liv. tournois. Il constitue comme garants de cette vente Henri de Mon-

---

(1°) Gautier Cornut ✝ de Sens de 1222 à 1241. (*Gall. christ.* xii, col. 60-63).

chavan, écuyer, Pierre Totepart, bourgeois de Moret, Henri le Camus de Moret.

Gilles, fils de Guillaume de la Broce et Elisabeth sa femme (de Guillaume), approuvent la vente (1239, décembre).   (LL. 76, p. 267.)

L'official de Sens fait savoir que Guillaume, maire (major) de Celles, au diocèse de Sens, a reconnu que le chapitre de N.-D. a concédé à Guerin dit Chovel, à Guiard Denis et à lui Guillaume la prévôté de Vernou, apparte-nant au chapitre, à ferme, pour 10 ans, moyennant 40 liv. tournois payables tous les ans, ainsi que la grange des Essarts. (Décembre 1264.)   (LL. 76, p. 274 v°.)

Guillaume le Coq (Pullus), prévôt de Vernou, reconnaît qu'il est tenu de payer tous les ans au chapitre de N.-D. de Paris 25 livres parisis pour la prévôté de Vernou que ce chapitre lui a concédée à vie, à la tenir et posséder de la même façon que feu Robert chapelain, en son vivant prévôt de Vernou. (Juin 1224.)   (LL. 76, page 275.)

Pierre *de Chambliaco*, chapelain de la reine, reconnait avoir reçu de Maître Aubri Cornu et de Guillaume le Coq, chanoines de Paris, au nom du chapitre de N.-D. 200 arpents de bois à essarter à Vernou, qui seront sa propriété et celle de ses héritiers à perpétuité.

Ces bois devront être essartés dans le délai de deux ans, et Pierre et ses héritiers devront payer tous les ans au chapitre 4 deniers provenisiens de cens par ar-pent, ainsi que la dîme.

Il s'engage en outre, lui et ses héritiers à ne pas cons-truire de forteresse ni d'ouvrate fortifié de quelque sorte que ce soit en ce lieu.

1227, le lundi avant la Purification de Notre-Dame.

                              (*A. Nat.*, LL. 66. p. 258.)

Pierre *de Chambliaco*, chapelain de la reine de France fait savoir qu'il a reçu de Maître Aubri Cornu et de Guillaume le Coq, tous deux chanoines de N.-D. stipulant au nom dudit chapitre la quantité de 200 arpents de bois sis à Vernou à essarter. Délai : deux années.

Il s'engage à payer tous les ans, lui et ses successeurs 4 deniers, monnaie de Provins, de cens, pour chaque arpent, ainsi que la dîme des terres ainsi rendues à la culture.

(1227, le lundi avant la Purification de la Sainte-Vierge.)

(A. Nat., LL. 76. p. 249-250.)

Pierre *de Chambliaco*, chapellain de la reine de France reconnait avoir reçu de vénérables personnes Maître Aubri et Guilaume Le Coq (*Pullus*), tous deux chanoines de Paris 240 arpents de bois appartenant à N.-D. de Paris, sis dans la prévôté de Vernou : un délai de 2 ans partant de la dernière fête de Pâques lui est donné pour faire essarter ces bois et il s'engage lui et ses successeurs à payer tous les ans 4 deniers provenisiens de cens (avril 1228.)   *(A. Nat., LL. 76. p. 249.)*

Le doyen et le chapitre de N.-D. de Paris notifient la donation qu'ils ont faite à Maître Aubri Cornut, prévôt de Rosoy (*Rosetum*) et à Guillaume le Coq, prévôt de Vernou de tous les bois dépendant de cette dernière prévôté et de tous les nouveaux essarts qu'ils avaient autrefois donnés à Gautier Cornu, autrefois doyen de N.-D. et maintenant archevêque de Sens et à Robert autrefois prévôt de Vernou.

Aubri et Guillaume ne pourront abandonner aucun arpent pour une rente moindre de 4 deniers de Provins, sans la permission du chapitre.

1225, août.

(A. Nat., LL. 76, p. 254.)

Guillaume le Coq, clerc du roi, est en procès avec Jean
et Adam, fils de feu Adam de Livry (de Livriaco) chevalier :

Guillaume le Coq, représente que trois de ses hommes de la prévôté de Vernou ont subi une agression ;
le 1er a été blessé grièvement, le 2e frappé à la tête et le
3e frappé de telle sorte que le sang a coulé énormément.
Il réclame satisfaction, en conséquence.

Jean et Adam se reconnaissent coupables et déclarent
être prêts à se soumettre à la sentence que portera le
bailli du roi ; ils présentent comme cautions : Adam Las-
nier et Messire Miles de Bucy (de Buxiaco) chevalier
ainsi que Gilles de Villefer, écuyer. Si les 2 coupables se
dérobent à la condamnation, dans la quinzaine où ils en
auront été requis par Guillaume le Coq, ces 3 cautions
devront se constituer prisonniers à Moret, jusqu'à ce
que les coupables aient satisfait à la justice.

Voici quelle est la sentence portée contre eux : 1º ils
devront payer une amende à Henri Mahaignat et à leurs
deux autres victimes, ainsi qu'à Guillaume le Coq, comme
Seigneur et prévôt du lieu de Vernou. — L'amende, dont
le taux n'est pas indiqué, fut payée sur-le-champ.

2º *Pro bono pacis* on les contraignit à *embrasser Guillaume, le fils de Mahaignat.*

3º Ils durent payer en outre à Henri Mahaignat, pour
le médecin 70 sous et comme dommages-intérêts 50 autres ; à celui qui avait été blessé à la tête 10 sous.

4º On leur fit en outre promettre de ne plus commettre
d'agression à l'avenir, contre les gens de Vernou, sauf
dans le cas où ces derniers les attaqueraient.

(Janvier 1230, nouv. Style).

(A. Nat., LL. 66, p. 257.)

L'abbé de Prully fait savoir que Robert Cornu de Chateau Nauton, chanoine de Sens, Henri, chanoine d'Auxerre, son frère, Guillaume de Hautbois (de Alto bosco) écuyer, et Martin Richier de Valence ont vendu à son abbaye 20 arpents de terre dans les essarts de Vernou appartenant à N.-D. de Paris, sis près la terre *de Chos* (1234, octobre).

(LL. 76, p. 267.)

1269

Etienne dit Amiraut, de Vernou, reconnait par devant l'official de Paris que le chapitre de N.-D. lui a accordé d'être sergent du chapitre à Vernou et d'avoir en cette qualité la garde des prisonniers et le droit de citer au tribunal du chapitre ; il promet de s'acquitter convenablement de ses fonctions.

(LL. 76, p. 273-274.)

Maître Eudes, official de Sens fait savoir que Jean des Forges (*de Forgis*) chevalier, en procès avec les chanoines du chapitre de N.-D. de Paris qui percevaient les fruits de leur prébende à Vernou, a promis d'observer la sentence d'arbitrage prononcée par le doyen de N.-D. choisi comme arbitre, et, ce, sous peine de 60 livres partsis payables aux dits chanoines.

Le désaccord portait sur ce point : les chanoines prétendaient percevoir le champart de 120 arpents de terre appartenant au dit chevalier.

Jean des Forges présente comme *plèges*, cautions et garants de sa promesse :

a) *Miles des Forges, écuyer.*

b) *Etienne de Vernou*, également *écuyer* (1236, octobre.)

(A. Nat., LL. 76, p. 255.)

Gilles de Massengi tenait de par la mère de sa femme, des terres sises à Varennes et à Noisy, en fief de Jean de Fleury ; il tenait en outre de ce dernier des terres à Vernou, et au *Chasnoy* (vers 1249-1252).

(Cf. Lougnon (Aug.), op. cit. T. I. p. 220, n° 5574.)

Vers la même époque Messire Giles de Vernou tenait en fief du même Jean de Fleury différents biens sis à Espaillart. — (Cf. Lougnon (Aug.), op. cit. T. I. p. 220, n° 5,574.)

Mars 1254

Luc (*Lucas*), doyen de N.-D. de Paris (1°) vend au chapitre de N.-D. la maison, les terres, les vignes, les bois, les cens, rentes et tous les autres biens qui en dépendent, possédés par lui à Vernou et mouvant de la censive de N.-D. moyennant 500 liv. tournois.

(*A. Nat.*, LL. 76, p. 261-262.)

1190

Gui, archevêque de Sens (2°) fait savoir que Gilles de Vernou, chevalier, craignant pour le salut de son âme, a reconnu en sa présence percevoir injustement les droits de lods et ventes sur un cens appartenant à N.-D. et assis à Vernou ; il en restitue la propriété au chapitre.

(*A. Nat.*, LL. 76, p. 264.)

1256, le samedi après la fête des apôtres Pierre et Paul

(1°) Luc de Laon, doyen de N.-D. de 1231 à 1260. — En décembre 1231, il fit un accord avec le comte Thibault au sujet du bois de Vernou ; en 1232, il céda au nom du chapitre, à Aubri, des bois à Vernou et à *Roselum*. (Cf *Gallia christiana*, T. VII. Col. 204 et 205.)

(2° Gui de Noyers (Yonne) † de Sens de 1176 à 1193 (*Gall. christ.* T. XII. Col. 53-55.)

L'official de Paris fait savoir que Guillaume *de Espallardo* (1°) chanoine de Chartres a acheté de Renaud *de Espallardo*, écuyer, son cousin germain, moyennant le prix de 140 livres tournois une maison sise dans les essarts de Vernou, près la maison de Messire Guillaume de Brion, chevalier, avec toutes les terres arables, les vignes, les prés, les bois et toutes les autres choses qui en dépendent, le tout sis dans la censive de l'église de Paris.

(A. Nat., LL. 76, p. 257.)

Aubri de Vernou, vivant en 1275-1277, percevait tous les ans 12 setiers d'avoine et 6 setiers de froment sur les terres de Bar-sur-Seine.

(Cf. *A. Lougnon* : Documents relatifs au comté de Champagne et de Brie (1172-1361) T. II, p. 54.)

Guillaume Berouart de Vernou vivant en mars 1271, était vassal de Jean, seigneur de Fleury qui vendit le 20 mars 1271 au comte de Champagne Henri III tout ce qu'il possédait à Montereau.

(Cf. *Lougnon* (Aug.), op. cit. T. II. p. 94.)

L'official de Paris fait savoir que Ysabelle *de Allonna*, du diocèse de Chartres, a été arrêtée sur l'ordre du prévôt de Vernou, établi en ce lieu par le chapitre de N.-D. Elle a été incarcérée dans la prison dudit chapitre.

Motif : Ysabelle avait cassé le bras d'un enfant, dans un endroit qui dépendait de la justice dudit chapitre.

On la met en liberté, après lui avoir fait promettre sous la foi du serment et par-devant l'official, qu'à la première réquisition, elle se représentera par-devant leur tribunal.

(1°) Dans le même texte, quelques lignes plus loin, Guillaume est appelé « *de Espallart.* »

— Qu'elle ne molestera plus à l'avenir les sergents du chapitre, ni ses hommes de corps.

Oudin, dit *Masoiner*, son frère se porte caution.

1271. Le samedi après la Saint-Martin d'hiver.

(A. Nat., LL. 66, p. 258.)

L'official de Paris fait savoir que Jean du Ru (de Rivo) clerc a vendu à Philippe de Bretigny (de Breteigniaco) chanoine de Paris le 1/4 d'une terre vulgairement appelée la Terre de Saint-Germain, sise à Vernou et lieux circonvoisins qu'il tenait en fief de Messire Thibault de Moret, chevalier; moyennant 40 liv. tournois (1276).

(LL. 76, p. 278.)

Thibaut de Moret, chevalier, vend à Philippe de Bretigny, chanoine de Paris le fief dit de St-Germain, sis à Vernou et aux environs que tenaient de lui 1° Jean de Ru, clerc, 2° le frère de ce dernier, 3° leur sœur, 4° Guillaume *de Masaugi* et 5° certain personnage surnommé *Poilevilain,* moyennant 66 liv. t. Sa femme, Aveline approuve cette vente (1276).

(LL. 76, p. 279.)

Thibaut de Moret, chevalier, vend à Maître Philippe de Bretigny, chanoine de Paris le ou les fiefs qu'il possédait à Vernou et aux environs, plus 12 deniers de cens sur un pré que tenait de lui Guillaume, de Vernou, et sa sœur. Il tenait le tout en fief du roi de France (1276).

(LL. 76, p. 281.)

Ligier *de Monte Gisonis* et Marie, sa femme ont pris à ferme, pour leur vie durant, du chapitre de N.-D. de P. une maison avec pourpris sise à Vernou, qui avait appartenu à feu Etienne Fredet, ainsi que les terres et les vignes dudit Fredet, à l'exception d'un demi-arpent de vigne, au

lieu dit de Grèves que le défunt a laissé par testament à
sa servante, moyennant 14 liv. t. 20 d. t. par an (1276).

(LL. 76, p. 282.)

Thibault, fils de Thibault de Moret, promit, sous serment prêté sur l'Evangile de ne jamais attaquer cette
vente (par devant l'official de Paris, 1266).

(LL. 76, p. 279.)

Pierre dit *Poile vilain* et sa femme Mathilde reconnaissent par devant l'official de Paris qu'ils étaient possesseurs le 1/6 de la terre de Saint-Germain, à Vernou, la
moitié d'une dîme sur le même territoire; le 1/3 de la
terre du fief de *Bernagoe;* le tout mouvant en fief de maître Philippe de Bretigny, chanoine de Paris. Ils lui vendent le tout, pour 40 liv. t. (1276).

(LL. 76, p. 279-80.)

Etienne Lésiard et Agnès, sa femme vendent à Philippe
de Bretigny, pour 30 liv. t. la 8e partie du fief de Saint-
Germain, sis à Vernou, qu'ils tenaient en fief de lui (1276).

(LL. 76, p. 280.)

Le doyen de Saint-Martin de Tours fait savoir qu'il vient
de passer accord avec le chapitre de N.-D. de Paris.

Il devra faire construire dans les essarts de Vernou une
grange avec pourpris. La clôture du mur mesurera
40 toises en longueur et 30 en largeur et sera élevée de
18 pieds au-dessus du sol.

La grange aura 20 toises de long et 9 de large. Il fera
bâtir en outre un pressoir couvert en tuile.

Le tout dans le délai d'une année; N.-D. paiera pour
ce, 300 liv. t. de provenisiens et Saint-Martin de Tours
300 autres (octobre 1284).　　　(LL. 76, p. 275.)

Par-devant l'official de Paris, Mathieu du Cornart, pre-
vôt de Vernou pour le chapitre de N.-D. renonce à cette
prevôté, à la grange dixmeresse de ce chapitre sise aux
Essarts, à la grange de feu Luc doyen de N.-D. à la mairie qui appartenait à Richier de Tavers et aux terres d'un
appellé Fredet de Vernou et à tout ce qu'il tenait à ferme
du chapitre (1295).

(S. 285.)

Noble homme Jean de la Grange, chevalier (et sa femme
Jeanne), demeurant en la paroisse de Chalestre la Grant
vendent à Jean dit Cornart de Vernou certains biens qu'ils
y possédaient:

16 deniers parisis de menuz cens portans lox et ventes
assis sur monbovray, mouvent en fief de Damoiselle Helienor (Alienor) de la Brocc-sur-Samois pour le pris et pour
la somme de 50 s. t.

7 arpents de terre assis sur la fontaine de Chally tenant
d'une part aux terres Pierre dit Hasard, et d'autre part
aux terres de la maladrerie de Vernou.

Un fief séant à Masangy, lequel ladicte damoiselle
Helienor tient mouvent en fief de Marguerite de Saucelles,
femme feu Jehan de Mortery, pour le pris et pour la
somme de 18 l. t. (1319). (S. 285.)

Messire Henry de Balzac, comte de Graville, devint seigneur de Vernou le 10 mai 1596; à cette époque, les terres
de Vernou et Machau furent aliénées par le chapitre, qui
rentra en leur possession par arrêt du Parlement du
20 fév. 1679. (S. 285.)

Messire Pierre, décédé curé de l'église de Vernou avait
laissé par testament à son église, à charge d'un anniver-
saire annuel, une maison ou masure avec ses dépendances qu'il avait acquise, sise à Vernou, près du cime-

tière et de la maison d'Ysabelle dit là Hasarde, chargée
de 6 d. t. de censive envers N.-D. de Paris.

Guillaume de Compiègne, prêtre, curé actuel de Vernou
(le patron de l'église de Vernou est le chapitre de N.-D.)
demande au chapitre d'amortir, ce qu'accorde le chapitre (1308).   (LL. 76, p. 293.)

Guillaume de Melun, archevêque de Sens et auparavant
chanoine de N.-D. de Paris, pour l'augmentation du service divin et du culte donne à N.-D. de Paris tous les
revenus, maisons, moulins, terres, prés, vignes, censives
et autres possessions qu'il a au territoire de Vernou, tenus
en fief du roi de France et déclare vouloir que les revenus
en soient distribués à ceux qui assisteront personnelle-
ment à l'office et à la grand'messe (22 mars 1364).

(A. N., S. 285.)

Jean, abbé de Saint-Maur des Fossés, au nom de son
couvent, fait savoir que le roi Charles désirant avoir un
hostel appartenant à Saint-Maur assis à Paris, en la rue
Saint-Antoine, vers le Pont Perrin pour l'unir à son hôtel
royal de Saint-Pol, avait donné à son abbaye, « en recom-
pensation » de cet abandon, 16 liv. et 16 d. de rente assis
à *Masengy* « à lui pour le temps avenuez et acquisez par
certainne composition faite par le baillif de Meleun avecques Jehan de la Broce, escuier, pour le temps que il
vivoit et damoiselle Jehanne sa femme qui ladicte rente
tenoient pour certains maléfices par ledit feu Jehan et
aucuns ses complices commis et perpétrez. » Comme
cette rente est assise loing de l'église de Saint-Maur, l'abbaye a échangé cette rente contre 80 arpents de bois « assiz
au lieu que l'en dit *Plain marchaiz*, au-dessus de
l'abbaye de Barbel, appartenant à Nicole de Veires, chanoine de Paris et secrétaire du roi (1369).

(S. 292.)

Le doyen de N.-D. de Paris, au nom de son chapitre
était en procès par devant le tribunal de l'archevêque de
Sens avec un certain Foucaud, relativement à la terre de
Champigny. Il fut décidé à Sens même que l'on se trans-
porterait à Vernou et qu'en cet endroit un accord relativement à la terre de Champigny interviendrait. Ce qui eut
lieu en effet. L'acte n'est pas daté.

(*A. Nation*. LL. 78, p. 142.)

Le Prévôt de Vernou, à la requête du procureur fiscal
du chapitre N.-D. de Paris, fit un procès à l'encontre de
Jehan Chaillart (fils de Gabriel Chaillart), prisonnier
dans les prisons de la Conciergerie des palais à Paris.
Condamné, J. C. en appella au Parlement.

Le Prévôt de Vernou l'avait condamné « à faire amende
honorable devant l'église parrochial dudit Verno, estant à
genoulx, teste nue, les mains joinctes, demandant pardon à Dieu, à la glorieuse Vierge Marie, des blasphèmes
et fauttes qu'il a faictes et oultre estre fustigé par les
carrefours dudit Vernou, *avoir l'oreille dextre couppée*,
et oultre de rechef banny des terres et seigneuries du
chappitre et defenses à luy ne plus y converser ne re-
tourner sur peine de la hard ».

Le Parlement le condamna « à faire amende honorable
devant l'église parrochial de Vernou, et pour ce faire,
y estre mené depuis les prisons dudit Vernou, estant
teste, piedz nudz et en chemise, ayant la corde au col,
tenant en ses mains une torche de cire ardent du poix
de deux livres et illec estant à genoulz, dire et déclarer
que témérairement et indiscrètement il a dict et proféré
les parolles et blasphèmes contre l'honneur de Dieu plus
à plain mentionnez ou dit procès, dont il se repent et
en requiert mercy et pardon à Dieu, au Roy, à justice
et ausdits de chappitre, seigneurs du dit lieu de Vernou

et l'a banny et bannist a tous jours des bailliage de
Sens et Melun, ensemble du dit Vernou, sur peine de la
hard et luy enjoinct garder son dit bannissement sur
peine d'estre pendu et estranglé, et faict ladicte court
inhibitions et deffenses audit Jehan Chaillard de dores-
navant jurer et blasphémer le nom de Dieu sur peine,
pour la première foys d'avoir la langue persée d'un fer
chault et pour la seconde d'avoir la langue couppée.
(21 février 1553).

(Z2 4608.)

Déclaration des biens et revenus de la Maladerie de St-
Loup de Vernou.

Premièrement, trois arpents de terres derrière la chappelle de ladite maladerye Saint-Loup tenants d'une part
au grand chemin, d'autre à... (en blanc) abboutissants
d'un bout sur ladite chappelle de Saint-Loup et d'autre
bout sur... (en blanc).

Item, neuf quartiers de terres assis devant la grande
porte de ladite chappelle Sainct-Loup tenants d'une part
à... (en blanc) et d'autre part à... (en blanc).

Item, trois arpents et un quartier assis au dessoubz des
neuf quartiers cy-dessus tenant d'une part au chemin
allant de Vernou à Sainct-Fortuné, d'autre part à
(en blanc).

Item, deux arpentz et demy de terre assis en ce mesme
lieu tenans d'une part à la veufve Michel Lambert, d'au
tre part aux enfants de feu Jean Chevy.

Item, demy arpent de terre tenant d'une part au chemin
allant de Vernou à la chappelle Sainct-Fortune.

Item, un arpent de terre assis au champ de la Tarelle,
tenant d'une part au chemin tendant de Vernou au Petit
Chailly (?) et d'autre part à (en blanc).

Sont à bailler à louage au plus offrant et dernier enchérisseur. (28 oct. 1586.)

(*Arch. Nat.*, S. 4900, dossier 18ᵉ.)

En 1555, Jean de la Treyère était Prévôt de Vernou, la Grande-Parroisse et Machau pour le chapitre de N.-D. de Paris.

(S. 281.)

13 avril 1573

Jugement rendu à Melun, par les commissaires députés par la reine mère du roy, comtesse de Melun, à la confection du papier-terrier du dit comté, portant main-levée des seigneuries de Vernou, Machau, et la Grande-Parroisse, appartenant à N.-D. de Paris, saisies à la requête du procureur du roi, faute d'en avoir passé déclaration, au terrier du dit comté; la main levée est donnée, parce qu'il a été reconnu que ces terres étaient de l'ancienne fondation et dotation de l'église de Paris, amorties et exemptes de tous droits et redevances, suivant les lettres patentes du roi données au clergé de France les 17 septembre et 3 novembre 1572.

(S. 281.)

Jacques d'Aumout, chevalier, baron de Chappes (1°, conseiller du roi et gentilhomme ordinaire de sa chambre, garde de la prévôté de Paris, mande au premier sergent à cheval fieffé ou à verge du roi au chatelet de Paris, sur ce requis de faire ajourner par devant le chatelet, à la requête de Mᵉ Claude Lalemant, docteur en théologie, curé de St-Pierre des Arsis en la cité et sous-pénitencier de l'église de Paris, Simon de la Bruière, vigneron de « Verno sur Seine près Montereau Faultyonne

---

(1°) **Chappes,** au département de l'*Aube*.

et Estienne Molin, vigneron à la Grande-Parroisse, pour se voir condamnés à continuer le paiement audit curé, à cause de sa cure, d'un « escu d'or sol couronné, de rente annuelle et perpétuelle » à percevoir sur une maison couverte de chaume avec cellier, cour, jardin et terres, assise à Vernou (4 nov. 1597).

(Arch. Nation., S. 3482.)

Observation sur un canton appellé la Tour Carrée. — (XVIIIe siècle.)

« Dans ce canton, il y avoit une tour appellée la Tour Carrée qui est détruite; cette tour paroit comme un fort où il y avoit plusieurs batimens y adjacens, ce qui se voit par des vestiges et matériaux qui y sont encore; cette tour est couverte et garnye de hayes, épines et buissons... »

Etienne Garnier, de Vernou, a dit à l'auteur de ce dit présent mémoire que depuis un tems immémorial, il avait ouï et entendu dire par les auteurs... que dans cette tour carrée et canton où il y avoit plusieurs batimens et héritages contigus dans lesquels une trouppe de Huguenots ou protestans contraires à notre religion s'étoient retirez.

(S. 281.)

Pierre le Noir, écuyer, Sieur de Senrat, gentilhomme ordinaire de la chambre du roi, demeurant à Paris en l'Hôtel de Longueville, rue des Fossés St-Germain, en son nom et comme procureur de Damoiselle Agnès Bluet, femme de la chambre de la reine-mère du roi échangent à Messire René de Bresley, évêque de Troyes, conseiller du roi la terre et seigneurie de l'Hopitau en la Grande-Paroisse, avec ses dépendances, contre la ferme vulgairement appellée « La Chevallerye » sise à Fannoy, près l'église de ce lieu (25 avril 1630). (A. N. S. 292.)

Le 4 décembre 1640, Mᵉ Nicolas Rousseau prêtre, chanoine de l'église St-Nicolas du Louvre, à Paris et curé de St-Pierre des Arcis, à Paris, demeurant dans le cloître du dit St-Nicolas, par acte passé par-devant Jean le Vasseur et Jacques Morel, notaire *gardenottes* du roi, avait donné à bail pour 99 années à Michel Dumont, vigneron, demeurant à Vernou, une masure, terres et héritages en dépendant moyennant 4 liv. de rente foncière.

(A. Nat., S. 3482.)

À la mort de Dumont, la masure et les héritages restèrent « inhabitables et incultes »; les enfants de Dumont renoncèrent à sa succession.

Jean de Pourdiac, dit *la Plaine*, maître chirurgien et garde à cheval des chasses et plaisirs du roi en la capitainerie de Fontainebleau, et demeurant à Vernou-en-Brie proposa à Messire Eloy de Brotonne, prêtre, curé de St-Pierre des Arcis, à Paris, *demeurant en sa maison curialle* de prendre à bail emphithéotique. ces héritages, pour 99 ans et offrit « de lui en payer quelque chosses de plus que les ditz quatre livres de rente foncière ».

M. de Brotonne « pour le bien de la cure et de ses successeurs » bailla les biens énoncés ci-dessus, à bail pour 99 ans; ils consistaient en :

« Une masure ou soulloit estre ci-devant une maison qui estoit couvertes de chaulmes contenant deux chats où il y avoit en-devant court et jardin devant et derrière qui sont de présent en friches et un morceaux de terre aussi derrière ce lieux, ainsi qu'il se poursuit et conporte, assis audit Vernou, près la rüe des Pastres, tenant d'une part aux hoirs de Mᵉ Jean Pampelume, notaire et procureur audit Vernou, d'autre à la grande rüe allant au carefour du moulin de Mouchon. »

Item, 3 quartiers de pré « assis aux clozeau, terroir dudit Vernou.

Item, un demi arpent de vigne; lieu dit les Colinettes;

Item, un demi-quartier de vigne; le tout moyennant 110 sols t. de rente annuelle et perpétuelle « avec une bonne poularde », à la St-Martin.

Le preneur promit d'y faire bâtir, à la place de la masure « maison et autre logement ». (1672, 14 avril.)

(Arch. Nation., S. 3482.)

— Provisions et nominations de sergents dans les justices des seigneuries de Vernou et de la Grande-Paroisse.

Le chapitre de N.-D. « pour le bon et louable rapport qui lui a esté fait de la personne de maistre Fiacre Mauricaut, ensemble de ses bonne vie et mœurs, et qu'il fait profession de la religion catholique apostolique et romaine, iceluy par ces causes avons fait instituer et instituons par ces présentes sergent et procureur postulant en nos justice, terre et seigneurie de Vernou, Grand' Paroisse, circonstances et dépendances (9 juillet 1698).

En 1695, Jean Signac, marchand cabaretier demeurant à St-Germain-de-Celle, vulgairement la Grande-Parroisse, demanda à être reçu sergent et procureur du chapitre, il fut accepté après avoir fourni un certificat de bonne vie et mœurs du Prieur-curé de la G.-P. qui s'appellait alors: *Desverneys*, bachelier en théologie; Messire Louis-François Moufle, ecuyer, conseiller du roi, trésorier général du marc d'or des ordres de S. M. et de la marine, demeurant à Paris, rue de Richelieu, paroisse St-Eustache, acheta le 4 oct. 1713 de Dame Marguerite Hurault, épouse non commune en biens de Messire François des Bonelles, seigneur d'Eppeville, colonel d'un régiment d'infanterie, demeurante à Paris, rüe des Tournelles, paroisse

St-Paul, la terre et seigneurie de Valence avec ses dépendances moyennant 48,000 liv. t.

Le 16 décembre 1713, il achetait encore de Me Charles de Trudaine, conseiller du roi en ses conseils, maître des requêtes ordinaires de son hôtel, la terre et seigneurie de Champigny, autrefois l'Hopiteau avec ses dépendances, moyennant 33.000 liv. t.

En 1754, Mr Moron, Trésorier de France, acheta de M. Moufle de Champigny les terres de Valence, Champigny et dépendances pour 160.000 liv. t.

(S. 281 carton.)

Par contrat du 4 juin 1775, Jean-Baptiste Coulevrier, meunier, et Marie-Madeleine Penot, sa femme, demeurant au Petit-Moulin de la Basse-Roche, parroisse de Vernou, vendirent au Dr Claude Louvet, meunier, demeurant au moulin de l'Eglise, susdite parroisse de Vernou, la 8e partie du moulin du Bois, situé en ladite parroisse et sgrie de Vernou, avec terres labourables, prés et autres héritages qui en dépendent, situés en la sgrie de Vernou et en celle de la Grand'-Paroisse et ès-environs.

(A. Nation., LL. 281.)

En 1759, le 8 octobre, Jean Dimbert, arpenteur juré au Bailliage et Payrie de Bray-sur-Seine, demeurant à Dian, à la requête de Me Mathieu Moron, président trésorier de France, général des Finances de la généralité de Paris, seigneur patron de Valence en Brie, Chambrix, Carrois, les Bordes, les Egriages, les Gobis en dépendant et autres lieux, demeurant à Paris, rue des Fossez-Montmartre, parroisse St-Eustache, en présence de Me Philippe Bénigne Thierriet, voyer général de la ville de Saint-Denis en France, y demeurant, officier du chapitre de N.-D. de Paris, seigneur de Mathan, Vernou et la

Grande-Paroisse en Brie, procéda à la pose de bornes
entre la seigneurie de Valence et celles de Machau, Vernou et la G.-d. « affin d'éviter tout procès ».

Il y eut *59* bornes de posées.

(S. 281.)

Par contrat passé par-devant Me de Saint-Père, notaire
à Montereau, le 11 février 1769, Messire Mathieu Moron,
chevalier, conseiller du roi, trésorier de France au Bureau
des finances et Chambre du domaine de la ville et généralité de Paris, Grand-voyer de cette généralité, seigneur
patron et échangiste de Valence-en-Brie, Champigny-en-
la Grand'Paroisse et autres lieux, demeurant à Paris,
rue des Blancs-Manteaux, paroisse St-Jean-en-Grève,
échange un quartier de terre, situé à la Fosse aux Gélé-
sies contre un quartier de terre sis à Marangis que lui cède
Henry Héroux le jeune laboureur demeurant à la Grand'-
Parroisse.

(*A. Nat.*, S. 281.)

Extraits d'un « Mémoire concernant La Grande-Paroisse
et Vernou » (1750).

1° Des lettres de terrier du 13 juillet 1668 commirent à
cet effet Julien de Gucille, notaire de la Grande-Paroisse.
Il y eut 403 déclarations de différents particuliers.

2° La Dame de l'Epqueville (*pour d'Epville?*), dame de
Rubrette, fournit le 10 avril 1737 au chapitre de N.-D.
la déclaration des terres qu'elle possède et pour lesquelles
elle est obigée de payer 26 liv. 12 s. de cens.

3° En 1750, M. de Bonnaire, seigneur de Forge, réclame
la censive sur les anciennes masures de la Coudreye,
actuellement en bois, à l'exception de la principale masure,
ci-devant Hôtel de la Coudreye.

4° Jean-Baptiste le Thève, chirurgien à la Grande-Parroisse exerce cette profession sans la sçavoir, puisqu'il ne sçait ny lire ny écrire, mais il dit avoir apris sous le frère Léon, à Saint-Benoît-sur-Loire et avoir été reçu par les chirurgiens de Montereau, moyennant 10 liv. de rente qu'il leur paye, faute d'avoir eu 200 liv. à leur donner. Monsieur le médecin de Montereau l'a refusé, mais l'avidité des chirurgiens pour avoir ses 10 liv. de rente les ont fait passer outre et ils ont fait passer contract devant Lenfant, notaire à Montereau.

5° Les meuniers des moulins de Marangis, La Roche et les Serpes se sont plaints que le *lavoire* qu'on pratique auprès de la fontaine de Champigny, empesche l'eau de ladite fontaine de couler dans le ru et de faire tourner leurs moulins. M. le Clert, procureur fiscal a dit que ce lavoir étoit à plus de dix pieds au-dessous de la source, que par conséquent les dites eaux coullent de la source dans le lavoir et du lavoir dans le ru, lequel lavoir ne subsiste plus dés que le linge est lavé; sa grandeur est de six pieds en quarré.

6° Monsieur le marquis du Fresnoy, seigneur de Graville, prétend avoir un fief dans Vernou qui s'étend depuis et compris partie du village jusqu'à Marangis; luy demander ses anciens avœux à se sujet et les anciennes déclarations.

« Papiers et pièces nécessaires à voir ».

1° L'acquisition faite par le chapitre au mois de mars 1254 de vignes-forêts, cens, rentes, etc. (de M^r le Doyen de Paris), sis à Vernou.

2° Copie collationnée de l'adjudication faite à Charles de Balsac, des terres de Vernou et Machau en 1596.

3° Vente du Vicomté d'Argeville à Mr Néron le 31 décembre 1719.

(A. N., S. 281.)

Marangis.

Le dimanche 16 octo. 1740 et la pluie étant tombée avec tant d'abondance que les eaües sont venües et descendües avec rapidité tant des bois de Valance que de Forges et des Marais joignant les dits bois par des fossez qui ont leurs pentes et égoux du côté de ladite ferme, en sorte qu'en moins de 3 heures de temps, tous les batiments d'icelle ont été inondez et plains d'eau ».

Jean le Tiers, fermier de la ferme de Marangis fut « obligé de se sauver, sa famille et bestiaux dans les haults et chez ses voisins pour éviter leur perte et d'abandonner icelle ferme et ce qu'il y avoit de meubles, effets, grains et foins, et qui luy cause une perte très considérable et le met hors d'état de faire valoir et exploiter ladite ferme. »

Dans la nuit du 16 au 17 février 1654, le feu prit à la ferme de Marangis et détruisit plusieurs batiments en particulier la bergerie. Le chapitre prétendit que la faute en était au fermier François Moreau ou de ses serviteurs et domestiques.   (S. 292.)

En 1745:

Ferme de Froidefontaine

Il y a auprès de la ferme du chapitre une autre ferme appartenant à un procureur au Parlement, nommé Maure, la trop grande proximité de cette ferme avec celle du chapitre donne lieu à des contestations fréquentes entre les fermiers tantost à cause de la fontaine qui est commune aux deux fermes et que l'un des deux veut s'approprier, tantost à cause du paccage des moutons.

Moulin de la Roche.

On travaille actuellement à reconstruire le moulin: la dépense sera considérable et le produit médiocre, en sorte qu'on auroit peut-être mieux fait de l'abandonner, mais c'est chose faitte.

Moulin des Serpes.

On a aussi travaillé au moulin des Serpes: toutes les couvertures sont actuelement en tuile et il est en bon estat.

Moulin de Marangis.

Ce moulin est tout auprès de la ferme et en bon estat. — Tous les moulins rendent très peu parcequ'ils sont très prest les uns des autres et qu'il y en a encore à d'autres particuliers.

Maison de Vernou.

Il n'y a à Vernou que la maison seigneuriale ou sont l'auditoire et la prison. M. M. ont ordonnés que la porte de l'escalier qui conduit à l'auditoire seroit exaucée, étant trop basse et que celle de la prison seroit replacée. Il y a à costés de cette maison une grange couverte de paille et assés grande qui conviendroit fort au fermier pour y placer la récolte des dixmes, estant obligé d'en louer une pour la serrer; elle est actuelement à vendre; on croit qu'on l'auroit pour 500 ou 600 liv., le fermier offre, si M. M. veulent l'acheter, d'augmenter son bail de 20 liv. qu'il lui en coûte pour en louer une.

Ferme de Machau.

Il y a une contestation entre le fermier et le curé au sujet de la mesure à laquelle lex gros lui doit estre payé; le bail porte que ce sera à la mesure de Machau qui est la même que celle d'Héricy, plus petite, à ce que prétend le fermier que celle de Montereau; le curé soutient au contraire, qu'il n'y a point à Héricy de mesure particulière, et que celle de Montereau est celle dont on se sert communément.

Il n'y a point d'auditoire à Machau; il seroit de la décence qu'il y en eut un, lorsque la *quaisse* sera un peu plus en argent, il faudra en faire faire un dans une chambre de la ferme. Il seroit aussi à propos de faire faire le terrier de cette seigneurie.

Il y a dans le chœur [de l'église] un petit banc en forme de prie-Dieu que M. Blondeau y a fait mettre et qui n'est point scellé; il faut avoir attention pour qu'il ne s'arroge pas le droit d'y avoir un banc en forme; il n'y a cependant point d'inconvéniens d'y laisser celui qui y est.

Denis Féret, marchand voiturier par eau demeurant à Moret vend à Claude Bourry, marchand, demeurant à St-Mamer, paroisse de Moret, une maison assise à St-Mamer, mouvant en censive *de Messire Etienne d'Argeville* (6 avril 1587).   (S. 292.)

9 Juin 1608.

Aveu et dénombrement par Nicolas de Brion de la terre de l'Hôpitau-(Champigny) qu'il tient en fief du roi à cause de son château de Moret.

14 septembre 1626.

Pierre Lenoir, donne aveu et dénombrement de la même terre, comme ayant épousé Marie Robin, fille de noble homme Constant Robin.

10 juin 1638.

Aveu de Jacques Gault, sieur de la Bran.

10 février 1723.

Aveu de Louis-François Mouffle de Champigny.

(S. 292, carton.)

La ferme de l'Archevêque est sise en la paroisse de Valence et en la censive de la Grande-Paroisse. Louis-François Mouffle de Champigny l'a acquise du Sr de Voisenon le 3 mai 1715 moyennant 5.000 livres.

Madame de Mouthomer outre la ferme de Chausseclueu sise à Favers, possède la ferme de la Marre Girard, la petite ferme de Ruberette, un grand pressoir au hameau de Mougelard, la ferme de la Roche.

En 1718. à *Machau* :

Le village où est l'église parroissialle et le presbitaire qui est fort propre est composé d'environ 40 feux où il y a des maisons assez bien baties sans compter plusieurs hameaux, savoir:

Villiers-Chappuy, qui appartient à la veuve du feu Sr Blondeau Chappuys, conseiller en la Cour des Aydes, (qui a laissé deux enfans) composé de 20 feux.

Painfou. — aussy environ 20 feux.

Lescluse. — ferme appartenante à ladite dame de Chappuy.

Villabé. — appartenant à M. de Vauvioy, capitaine de cavalerie.

Bailly. — petite ferme appartenante au Sr Bernard, de Fontainebleau

Chapendu. — Hameau de 4 feux.

La commune du Jard, ferme appartenante à M. l'Abbé de Longue Rüe, à cause de son abbaye du J'ard.

(S. 281.)

26

*Journal du Voyage de Larchant fait par MM. d'Agoust,
Chatelain et Farjonel, députés par le chapitre (de N.-D.
de Paris) et accompagnés du Sieur Parvis, inspecteur
des bâtimens, le 25 may 1745.*

MM. sont partis le mardi 25 may en carosse à 4 chevaux, avec 2 chevaux de selle à leur suitte appartenans
à MM. Farjonel et Parvis; ils ont esté diner à Essonne
au « Grand-Monarque » chez Madame Lafilé, où ils ont
esté fort mal et très chèrement, et coucher à Fontainebleau.

Le mercredi 26, MM. d'Agoust et Châtelain ont estés
par le plus court chemin à Larchant; MM. Farjonel et
Parvis sont montés à cheval pour aller au moulin bannal
de Larchant appellé Moulin Rouge qui est de l'autre costés du Grand-Chemin de Nemours et sur la rivière de
Loing et de là, ils se sont rendus à Larchant pour l'heure
du diné.

Après le diné que MM. ont fait à la ferme du Mont-
Saint-Mathurin, ils sont descendus chez M. le Curé où
ils se sont habillés pour aller chanter les premières
vespres, aux quelles a offitiés M. l'Abbé d'Agoust, qui
après avoir encensés les deux portes-chapes à Magnifi-
cat, l'a estés par M. le Curé ainsi que MM. Farjonel et
Chatelain; après les vespres, MM. sont retournés chez
M. le Curé où ils ont donnés audiance à toutes les personnes qui ont eu affaire à eux; ils sont remontés ensuite
à la ferme du Mont-Saint-Mathurin pour souper et descendus pour aller coucher, M. l'A. d'Agoust, chez M. le
Curé et MM. Chatelain et Farjonel chez le Sr Métais,
fermier de Larchant, les lits du Mont-Saint-Mathurin estant sans matelas.

Le jeudi 27, sur les 9 heures du matin, on a commen-
cés la procession qui va au haut de la montagne et où

l'où porte la chasse de St-Mathurin; M. d'Agoust, officiant, y a assisté en chappe et MM. Chatelain et Farjonel en surplis et *omus* (sic); il faisoit beaucoup de vent et assés froid.

Après la procession, on a chanté tierse et ensuitte la Grand'-Messe qui a estés célébrée par M. d'Agoust; M. Farjonel faisant diacre et M. le Curé sou-diacre; M. Chatelain représentait le Seigneur et est venu en cette qualité à l'offrande; après la messe on a chantés sexte.

MM. sont ensuitte remontés à la ferme du Mt-St-Mathurin, pour diner; ils sont descendus pour vespres qui ont esté célébrées comme la veille; ils sont encore remontés pour souper et redescendus pour le coucher comme le jour précédent; dans l'interval des offices, MM. ont examiné et visitté tous les bastimens des deux fermes et fait différentes observations qui seront rappellées cy-après.

Le vendredi 28, MM. Farjonel et Parvis sont montés à cheval à cinq heures du matin pour aller à Guercheville, paroisse dépendante de Larchant, dont les dixmes appartiennent au chappitre et qui est à une petite lieue du Mont-Saint-Mathurin.

A dix heures, MM. ont tenus les assises; M. d'Agoust en habit d'église, président, M. Chatelain à la droite et M. le Prévost à la gauche. M. Farjonel n'y a point assistés en qualité de juge, estant conseiller au Parlement il ne pouvoit faire les fonctions de juge inférieur; on a appellé plusieurs causes qui ont estés plaidées et jugées. M. le Prévost a prononcé les sentences; on a ensuitte fait l'adjudication d'un bail de terres appartenantes à l'Hôtel-Dieu de Larchant; l'audiance a duré jusqu'à midi.

MM. sont remontés à la ferme du Mont-St-Mathurin où ils ont dinés avec M. le Prévost et les principaux officiers de la justice, quelques curés du voisinage et la famille du Sr Petit; le diné a esté servi tout entier en poisson qu'a fourni le meunier du Moulin-Rouge, ainsi qu'il en est tenu par son bail.

Après diné, MM. sont partis sur les deux heures et demie et ont esté par le vilage de Gray et par Moret à Montreau où ils ont esté loger chez Madame Dumans, fermier de la Grande-Paroisse qui leur a donné un très bon soupé.

Le samedi 29, MM. Farjonel et Parvis sont partis à cheval, à 5 heures du matin, pour aller à la ferme de Froidefontaine dépendant de la Grande-Paroisse, située sur le chemin de Moret à Montreau, auprès de l'obélisque qu'ils avoient oubliés de voir en passant; de là, ils ont esté rejoindre MM. d'Agoust et Chatelain, à la Grande-Paroisse ils sont montés ensemble au chateau de Rubret, maison seigneuriale de la Grande-Paroisse où est l'auditoire de la justice; ont estés aux moulins des Serpes et au moulin de la Roche qu'on rétablit presque à neuf, ensuitte à la ferme et au moulin de Marangis et diner à Vernoux, chez le Curé où le fermier de Vernou et Machaut, qui n'y habite point, avoit fait préparez à diner.

Après diné, ils ont visité l'église et la maison seigneuriale; ils ont esté ensuitte à Machaux où ils en ont fait autant et delà ils ont estés coucher à Melun, dans la première auberge qu'on rencontre en entrant à gauche.

Les envoyés du chapitre rentrèrent à Paris à 8 heures le lundi 31.

(Archives Nationales, S. 281.)

ARCHIVES DÉPARTEMENTALES

DE SEINE-ET-MARNE

Extraits du Dossier LHUILLIER

SUR VERNOU

Vers 1192, Guy de Nucérus institue une chapelle dans
la léproserie de Vernou : il est question de cette chapelle
dans plusieurs chartes de 1223 et 1224. (Cart. N.-D. Paris,
II. 228.)

Freier ou Frahier de Montereau eut une contestation
avec le chapitre de Notre-Dame de Paris à la fin du
XIIe siècle au sujet des bois de Vernou. Ce Frahier figure
au rôle des vassaux du comte de Champagne publié par
Lougnon.

Octobre 1200

Nogent-sur-Seine. — Thibaut III, comte de Champagne, détermine les droits du chapitre de Notre-Dame
de Paris sur les bois Vernou contrairement aux préten-
tions de Freier de Montereau. (Cart. N.-D. Paris I. 223
et 224.)

9 décembre 1231

Le chapitre de Notre-Dame de Paris donne à Luc, doyen de Paris et à Aubry, doyen de Tours, pouvoir de transiger avec Thibaut au sujet de la forêt de Vernou. (Dubois, *Hist. Ecc. Paris*, II. 334.)

Vernou avait sa mesure particulière au XIIIe siècle. On voit dans une lettre de Cart. P. T. I. 399 : « 10 arpents de bois *ad arpentum Vernoti.* »

Henri de Montchavan, chevalier, est cité comme caution dans une charte de Gauthier, archevêque de Sens de décembre 1239 relative à une vente du moulin de la Roche. (C. P. T. II. 227.)

Le chapitre de Notre-Dame de Paris avait juridiction à Écuelles dès le XIIIe siècle : il en est question dans le cartulaire de cette église publié par Guérard en 1858. (T. III. P. 444.)

A l'occasion de la mort de Jean Britel, abbé des Bénédictins de Lagny en 1215, son ancien maître, Pierre de Lagny, chanoine de Notre-Dame de Paris fait don à l'église Notre-Dame pour le repos de son âme et de celle de l'abbé de 40 Livres Parisis à prendre sur des moulins à Vernou près Moret. (Cart. N. D. T. IV. P. 12.)

Paris, février 1227-1228. Thibaut IV à la prière de Blanche, reine de France, autorise Pierre de Chambly, chambellan de la princesse, à défricher trois charruées de terre dans les bois de Notre-Dame de Paris près Vernou. (D'Arbois de Jubainville T. 2. 5. P. 249.)

Août 1231

Fontainebleau. — Hugues d'Athis, pannetier de France, déclare que les hommes de Moret ont, en présence de Thibaut IV, comte de Champagne, reconnu que les 180 Arpents de terre achetés par Foulques de Compiègne font partie de 500 arpents cédés par le comte de Champagne, aux dits hommes de Moret dans les essarts de Vernou. (D'Arbois de Jubainville.)

Eglise de Vernou : elle date de 1345. — Le chœur fut refait et terminé en 1550. — Au portail on voit une belle rose de cinq mètres de diamètre et à 16 branches.

Cité dans le principal de la coutume de Melun en 1560, Michel Hubert, écuyer, seigneur du Grand Hôtel de Vernou. — (Coutumes de Melun 1er avril 1560.)

En 1635, les fiefs de Vernou étaient :

Fief de Marangis cédé aux chanoines de Paris par Madame de Longueil, née d'Aligre ;

Fief du Grand Hôtel, cédé aux chanoines de Paris par Madame de Longueil, née d'Aligre ;

Fief d'Argeville, cédé aux chanoines de Paris par Madame de Longueil, née d'Aligre ;

Fief Chollier à Madame Jeanne de Bourbon, veuve de Claude Bonnot, secrétaire du roi;

Fief Robillard ou Rothillard à M. Segris, laboureur ;

Fief Bigeon à Ch. Godet, notaire à Vernou, ayant épousé Demoiselle Gros ;

Beaurepaire : Samuel du Val ou de Val, sieur de Gressots, propriétaire.

1644

Pierre Roussel de Vernou, est nommé valet de chambre de la reine mère.

René de Breslay, évêque de Troyes, seigneur de l'Hopiteau de Vernou, donne cette terre à noble Michel Guézard, sieur de Hardie, son neveu et petit-neveu (1637-1645).

1701

Les héritiers de Madame Guillaume de Corazeulle, née Henriette de Montausier, vendaient à François Catherinet, avocat au Parlement de Paris, la ferme d'Ecuelle en la paroisse de Vernou et en censive du chapitre de Notre-Dame de Paris. — Catherinet la donna à son fils, écuyer, conseiller du roi, substitut du Procureur général du Parlement.

6 août 1723

Un autre fils de François Catherinet et de sa femme Marie-Jeanne Vannière était accolyte du diocèse de Paris. En 1718 pour le faire entrer dans les ordres on lui donna la ferme dite de la Maisonneuve, anciennement les Paillards, en la paroisse de Vernou, d'un revenu d'environ 300 livres. Ce fils s'appelait Vincent.

Au XVIIIe siècle la seigneurie principale de Vernou appartenait aux chanoines de Paris qui louaient au curé de Vernou :

Les dîmes de la Paroisse, la maison seigneuriale, deux moulins à eaux dits des Serpes, et grand moulin de la Roche ;

1760-1787

Location du curé Ollivier des domaines ci-dessus qu'il ne peut sous louer.

Fiefs particuliers : « Grand Hôtel de Vernou à Michel Hubert, écuyer, en 1560 ; Ferme de Vernou et l'Hopiteau à René de Breslay, évêque de Troyes, en 1637 ; il les a acquis de Dlle Bluet, et les donne le 16 mars 1638 à ses neveux Michel Guézard et Ganet.

LA GRANDE-PAROISSE

Analyse des Archives Nationales.

14 juin 1438

Jean Semistre, laboureur, demeurant à Moret en Gatinois et Marie Fournier, sa femme, veuve en premières noces de Nicolas le Jay, vendirent à Jean Bureau un hôtel, cour et jardin clos de murs nommé la Rubrette, un puits devant cet hôtel, des terres, des vignes, des prés et des bois qui en dépendaient.

21 juin 1479

Nicolas Ballüe, Sièur de Villepreux, marié à Damoiselle Philippe Bureau, fille de Jean Bureau vendit à Guillaume Allegrain les droits qu'ils avaient à Rubrette.

28 décembre 1465

Gillette de Varou constitua Gaucher de Foux son fils, son procureur pour vendre à Jean Chiquet un hôtel à Rubrette.

18 novembre 1578

Frère Jean Blanchet, curé de Celles ou la Grande-Paroisse déclare avoir acheté à Jean Chiquet l'hôtel en question avec les dépendances et vend le tout à Guillaume Allegrain, Sieur de Dian et de Bruyères, conseiller au Parlement de Paris.

15 janvier 1501

Eustache Allegrain fit foi et hommage aux chanoines du Vivier-en-Brie pour le fief qui fut à Jean Chiquet, à Rubrette.

17 septembre 1547

Louis Allegrain fit hommage de la terre et seigneurie de la Grande-Paroisse, en ce qui relevé du roi à cause de son chateau de Montereau.

Commission et mandement du juge de Montereau obtenu par Louis Allegrain le 14 février 1550 pour faire un papier terrier des cens, rentes et droits seigneuriaux qui lui appartiennent en la Grande-Par.

Acte capitulaire des chanoines du Vivier-en-Brie du 12 sept. 1550 pour échanger avec Louis Allegrain les censives qui leur appartiennent en la Grande-Par. avec les 25 arpents de terre mentionnés au contrat d'échange du 5 nov. 1550 entre les chanoines du Vivier-en-Brie et Claude de Villers, Sieur de Chailly et Louis Allegrain par lesquels les chanoines du Vivier ont transporté aux dits de Villiers et Allegrain la seigneurie qui leur appartient à la Grande-Parr. consistant en haute, moyenne et basse justice, fiefs, arrière-fiefs, tous lesquels droits peuvent valoir 8 livres tournois par an, leur appartenant à cause de la fondation de leur église, moyennant 600 livres payées par Allegrain.

(S. 283.)

En 1718:

Rubrette.— La Haute-Maison est sise à Rubrete, hameau de la Grande-Paroisse, appartient à M. François-Augustin Pigray, comme ayant épousé la veuve Bonnaventure Langlois.

Madame d'Eppeuille a un chateau couvert d'ardoises audit Rubrete qui relève du roi à cause de la grosse tour de Montereau.

La maison seigneurialle du chapitre est aussy audit Rubrette, au-dessous, en descendant à l'église; laquelle est en mauvais état et non close de murs qui sont tombés. L'église a deux bas-côtés qui sont fort froids l'hyver.

Tavers. — C'est un hameau sur la rivière de Seine, au-dessous de l'église cy-dessus. Dame Marguerite de Renou, veuve de Messire François de Monthomer qui a espousé en secondes noces le Sr Charpentier y a une ferme appellée Chaussechien.

Mr Desverneys, procureur au parlement... y a aussy une belle maison et une ferme appellée la Grande-Ferme de Tavers, vis à vis de ladite maison, avec une autre petite maison où loge le passeur qui tient à ferme du Domaine de Melun le droit de passage ou péage moyennant 12 à 15 livres par an; il a un petit bateau et un plus grand bateau appellé une toüe dans lequel on peut passer 4 chevaux.

Pincevent. — De l'autre côté de la rivière de Seine, du côté du Gatinois, il y a une ferme appellée Pincevent qui appartient à M. Hoüel, capitaine aux gardes, seigneur de Varenne.

Froidefontaine. — Autre ferme appartenant au Sr Desverneys, où il y a une fontaine. Le chapitre y possède aussi une ferme proche de celle du Sr Desverneys, que le chapitre a acquise en 1552 d'Anne de Montmorency, connétable de France.

Le fief du Sentier aux Asnes, sis en la Grande-Paroisse, acquis par le chapitre en 1606 consiste en 20 sols ou environ de menus cens à la St-Remi sur 25 arpents de terre.

Prix :

Moyennant 3.600 livres pour chacune desdites 9 années, en deux payements égaux ès jours de St-Martin et de Pâques.

Charges :

Les preneurs promettent :

1°) de fournir tous les ans, à la St-Martin d'hiver, au prieur-curé de la Grande-Paroisse, pour son ancien gros, 3 muids de méteil « *bon, sec, net et loyal, et criblé* » et 3 muids de vin et pour l'augmentation du gros 3 autres muids de grains et 4 autres muids de vin, ainsi qu'il est porté en la transaction du 6 mai 1572, confirmée par arrêt du Parlement du 12 août 1588, qui, en outre, affranchit de dixme les terres de la cure, qu'elle fait monter à la quantité de 55 arpents et demi, une perche 5/4, moyennant laquelle transaction, ledit chapitre doit jouir des dixmes de grains et de vins, vieilles et novables présentes et à venir dans les limittes dudit Prieuré-Cure, et notamment aux lieux nommés lex Bouchet, le Larriz de Vouan, au dessous du Bouchet, jusqu'aux Hautes-Rives tendantes à la Seine, les Dixmeron, le Bas-Clos et les monts de Rubrette, les susdits gros et augmentation de gros portables en la maison dudit Sieur Curé et déterminés par la sentence des requêtes du Pallais du 22 may 1702 en 200 bichets de froment, 200 bichets de méteil et 200 grands bichets d'avoine, ensemble 7 muids de vin.

2°) de fournir par chacun an audit jour de St-Martin à la fabrique de la Grande-Paroisse 32 bichets de froment et 32 bichets de méteil ou, au choix du chapitre 8 septiers de grains dont 4 de froment et 4 de méteil, mesure dudit lieu, suivant la transaction faitte avec laditte fabrique le 30 juin 1490, en conséquence de laquelle le chapitre doit jouir de la dixme sur les terres du Vivier, sur celles appartenantes aux religieux de Nemours et aux Hospitaliers de St *Jean de Latran* (sic) et généralement sur toutes les terres où laditte fabrique avoit droit de dixme dans l'étendue de laditte Grande-Paroisse.

De payer les gages des officiers de la justice des dittes terres et seigneuries, sçavoir 25 livres t. au prévost et 15 livres t. au procureur fiscal et d'en apporter les quittances à mes dits sieurs du chapitre, au jour de St-Martin d'hiver de chaque année.

De recevoir, nourrir, loger ceux de mes dits Sieurs du chapitre, leurs officiers, gens et chevaux qui iront audit lieu de Grand-Paroisse pour les affaires concernant ladite ferme et seigneurie.

(A. Nat., S. 281.)

Etat des fiefs mouvants de la Seigneurie de la Grand-Paroisse.

Fief des Appentis et de *Manchecourt* possédé par Me Pierre-Charles de Bonnaire qui en a porté foi et hommage par acte passé par devant Me de Saint-Père, notaire à Montereau le 13 décembre 1758.

Ce fief consiste à 603 arpents, 51 perches et demie dont il a promis de fournir aveu et dénombrement.

Fief de Villemert. — Possédé par Jérome Galot, manouvrier à la Grand-Paroisse; consiste en 3 quartiers de terrain sur lesquels il y avoit anciennement dès bâtiments qui sont en mazure.

Fief du Prieuré-Curé. — Le sieur Charpentier, prieur-curé a, par sa déclaration du 17 janvier 1767 déclaré que les batiments de son presbitère, jardin et enclos, quatre arpents de pré au-dessous et 6 quartiers de friche, ci-devant en vignes et un petit saulsois situé proche du presbitère, sont par lui tenus en arrière-fief sous la charge de 5 sols parisis de rente annuelle et perpétuelle. Cette déclaration est conforme à celle passée devant Despréaux, notaire, le 19 sept. 1696 par *le Sr Martin*, alors prieur et curé.

Fief de Champigny. — Est possédé par M. Morou, ancien Trésorier de France, demeurant à Paris, rue des Juifs.

Fief du Vivier. — Joint celui de Marangis en la Grande-Paroisse; possédé par M. le comte d'Aumale, chevalier de Saint-Louis, colonel d'infanterie et ingénieur en chef dé la ville de Bezançon et Dame Geneviève de Colincourt, son épouse, demeurant à Bezançon.

(S. 281.)

DOCUMENTS COMPLÉMENTAIRES

CONCERNANT

LA MAISONNEUVE, LES PAILLARDS

ÉCUELLES

BEAUREPAIRE, MACHAULT

LA MAISONNEUVE OU LES PAILLARDS

ET ÉCUELLES

Il existait en dehors d'Argeville et de la terre de Beaurepaire, sur le territoire de Vernou, les fermes de la Maisonneuve ou des Paillards et d'Ecuelles, au sujet desquelles nous relevons, aux Archives Nationales, les documents qui suivent :

« Noble homme Jean de Malleville, écuyer, seigneur de Parmes et gouverneur du Comté de Courtenay, à cause de damoiselle Marguerite de Myrer, sa femme, héritière en partie de feu Louis de Myrer, en son vivant, seigneur des Paillarts et encore ledit sieur de Malleville, fondé de l'acte de procuration de Paulin de Villette, à cause de Bénigne de Myrer, sa femme (23 juin 1569), et de Catherine de Myrer, veuve de feu Fleurent Seberault, Jean de Andot, écuyer, à cause de Jeanne de Myrer, sa femme et Louise de Myrer, filles de feu Louis de Myrer, tous frères et sœurs et héritiers dudit défunt Louis de Myrer, en son vivant, seigneur des Paillarts, comparait sur le lieu et fief du Plessis-les-Forges, appartenant au chapitre de la Sainte-Chapelle-royale de N.-D. du Vivier-en-Brie, pour bailler son aveu et dénombrement du fief des Paillarts, ensemble du fief des Appentis, suivant la foy et hommage par eux faite aux dits seigneurs le 9 septembre dernier (1569).

(ARCH. NAT. S. 283.)

« Jean-Baptiste Catherinet, écuyer, seigneur de Vennevaux, conseiller du roi, substitut du Procureur général, demeurant à Paris, rue Mazarine, paroisse Saint-Sulpice, déclare qu'au moyen du partage fait le 23 janvier 1735, des biens de feu Me François Catherinet, avocat au Parlement et de Marie Vaumicot, son épouse, fait entre lui et son frère Louis-Vincent Catherinet, prêtre, docteur en Sorbonne, il possède :

« 1º La ferme de la Roche, sise au hameau de la Roche, paroisse de La Grande-Paroisse. (Suit la description.)

« 2º La ferme de la *Maison-Neuve*, anciennement les *Paillards* et la ferme d'Ecuelles, situées en la paroisse de Vernou-en-Brie, consistant chacune en bâtiment et basse-cour, contenant les 2 fermes ensemble 531 arpents, tant terres, prés, bois que pâturages.

« 3° Ces 3 fermes appartenaient au sieur François Catherinet, (père de J.-B.), et scavoir, celle de La Roche et d'Ecuelle, au moyen de l'adjudication par décret qui leur en avoit été faite aux Requêtes du Palais, à Paris, le 17 octobre 1701, sur les héritiers du sieur de Montaumer... et celle de la Maison-Neuve, au moyen de l'acquisition qu'il en avoit faite de M. de Bigny, par contrat du 30 avril 1714. »   (S. 281.)

Jean-Baptiste Catherinet, que nous voyons souvent intervenir dans les actes de Vernou, était le cousin de Jean Darrémond et de François Cardinal, dont il a été question dans le volume *Beaurepaire*. Sa fille épousa Monsieur de Lignac. D'après l'acte de mariage qui suit, la cérémonie eut lieu dans la chapelle de la Maisonneuve :

7 Juin 1759.

———

Mariage de GUILLAUME-ANDRÉ de LIGNAC,
et de LOUISE CATHERINET.

———

Le septième jour de juin mil sept cent cinquante-neuf,
après la publication d'un ban de futur mariage entre les
parties ci-après nommées faite dans la paroisse de Saint-
Sulpice de Paris, le vingt-neuf avril dernier, audit an.
Suivant le certificat de publication dudit ban, du sieur
curé de ladite paroisse de Saint-Sulpice de Paris, avec la
permission de marier accordée par ledit sieur curé de
S.-Sulpice de Paris, au sieur curé de cette paroisse et
autre par lui commis, en datte du vingt-cinq mars, audit
an. Signé Dulau D'Allemarrs, curé de St-Sulpice et au
bas est écrit : Vû bon à Sens, ce 27 may. Signé Morice,
vicaire général. Vu aussi la dispence des deux bans
accordée aux parties cy-après nommées, de Msgr. Chris-
tophe de Beaumont, archevêque de Paris, en datte du
vingt-cinq may dernier, aud. an. Signé: Regnault,
vicaire général, et le même jour insinué et controllé au
greffe des Insinuations écclésiastiques du Diocèse de
Paris. Signé: Gervaise, et au bas est écrit, vû, bon à

Sens, ce vingt-sept may, aud. an. Signé Morice, vicaire
général. Vu aussi la permission de financier et marier
en même jour dans la chapelle de la Maisonneuve en
cette paroisse, les parties ci-après nommées, accordée
par son Emminence Msgr. le Cardinal de Luynes,
archevêque de Sens, en datte du 27 may dernier, audit an;
signé : Morice, vicaire général et au bas par M. le Vic.
général Le Pellerin. Vu la main levée de l'opposition au
présent mariage signifiée au sieur curé de cette paroisse,
par Derrais, huissier de robe courte au Chatelet de Paris,
en datte du vingi-sept may dernier, au dit an, la dite
main levée, passée devant Robineau et son confrère,
notaire au Chatelet de Paris, le deux juin de la présente
année, duement scellé, nous prêtre licencié en théologie
de la faculté de Paris, maison et société de Navarre,
promoteur général du diocèse d'Arras, du consentement
et en présence du 1ᵉʳ curé de cette paroisse, revêtu
de son surplis et de son étole, avons donné la bénédiction nuptiale à Mᵉ Guillaume-André de Lignac, majeur,
avocat au parlement de Paris et à demoiselle Geneviève-
Louise Catherinet, mineure. Ceux qui ont assisté à la
célébration du dit mariage, sont du côté de l'époux,
avons la procuration à nous adressée par Mᵉ François
de Lignac, et de Marie-André, 1ᵉʳ père et mère, portant
leur consentement au dit mariage, passée devant Jean-
Pierre Constant, notaire royal et témoins, à Torrasson
en Périgord, le treize avril de la présente année, duement
controllé, Mᵉ Louis Joubert, chevallier, seigneur de
Vilmarets et autres lieux et M. Petit de Beaurepaire,
officier de la Reine, ses amis. Du côté de l'épouse,
Mᵉ Jean-Baptiste Catherinet, écuier, seigneur de
Vennevaux, conseiller du roy, substitut de son procureur
général père; Mᵉ Louis-Vincent Catherinet, prêtre,
docteur en théologie de la faculté de Paris, maison et
Société de Sorbonne, oncle paternel; Jean-Baptiste-

Etienne Catherinet, écuier, prieur de Maisonneuve, frère; M⁰ Didier Nelle, avocat au parlement de Paris, son beau-frère à cause de Julie-Henriette Catherinet, son épouse et autres parens et amis qui ont signé avec nous.

Catherinet, Catherinet, De Lignac.

Catherinet, Catherinet, Leclerc, curé de Vernou.

Darrémond, Joubert, De Villemarets.

Cardinal, ff. Petit, Catherinet fᵉ Nelle,

De Lignac, prêtre.

Après la famille Catherinet, ce fut Barthélemy, Gabriel-Rolland, qui devint propriétaire de Maisonneuve et d'Ecuelles, comme le prouve la déclaration que voici :

« Messire Barthélemy, Gabriel-Rolland, chevalier, conseiller du roi en ses conseils, président à la première chambre des requêtes du palais, demeurant à Paris, quai de la Tournelle, paroisse Saint-Nicolas du Chardonnet, déclare être propriétaire de :

« 1° 71 arpents, 56 perches..., contenant, savoir, la Maison-Neuve anciennement dite les Paillards, consistant en un corps de bâtiments composé de plusieurs chambres et salles au rez-de-chaussée, de plusieurs chambres de maître au premier étage, d'autres au second où l'on monte par un escalier à rampe de fer et deux pavillons des deux côtés du dit corps de bâtiment, l'un formant une cuisine et l'autre une chapelle que Messire Louis-Vincent Catherinet, prêtre, docteur de la Société de Sorbonne a fait construire dans laquelle il a fondé deux messes à perpétuité par chacun an au jour de la nativité de la Vierge et fête de Saint-François d'Assise...

« 2° 59 arpents et 52 perches 1/4;
« 3° 113 arpents et 97 perches;
« 4° 145 arpents et 58 perches;
« 5° 79 arpents et 30 perches;

« 6° 8 arpents de pré, 25 perches;
« 7° 44 arpents et 85 perches;
« 8° 65 arpents et 23 perches;
« 9° 133 arpents et 48 perches;
« 10° 43 arpents;
« 11° 10 arpents et 12 perches;
« 12° 4 arpents et 72 perches;
« 13° 10 arpents et 68 perches.

(1765).   (S. 281.)

Ces fermes, aujourd'hui converties en bois, firent partie du superbe domaine de Chapuis, qui resta jusqu'en 1880, l'apanage de la famille du Comte Rolland d'Erceville, comte de Chambaudouin.

NOTES COMPLÉMENTAIRES

Concernant **BEAUREPAIRE**

Existant aux Archives Nationales.

———

BEAUREPAIRE

7 septembre 1659

Damoiselle Jeanne De Val, fille majeure, demeurant ordinairement à Beaurepaire, étant de present à Paris logée rue des Escoufles en la maison où pend pour enseigne le Croissant d'or donne à titre de rente à Damoiselle Gabrielle de Rigollet, aussi fille majeure, demeurant à Paris, une maison consistant en un corps de logis couvert de thuille, non encore parachevé de bastir, une basse-cour non close, un autre logement bas où est le poulailler, grange, écurie, bergerie, cave et vinée, le tout couvert de chaulme, vacherie, toits à porcs, une vollière au milieu de la cour.

Item, 94 arpents 3 quartiers 7 perches 1/2 de bois taillis 108 arp. 1/2, 3 perches 1/2 terre, y compris le jardin de la maison.

7 quart. 8 perches de vignes et ceriziers clos de murailles. .

Le mesurage de tout cela a été fait par le voyer-arpenteur-royal résidant en la paroisse de Villecerf, à la requête de lad. Jeanne De Val et de *ses sœurs: Catherine,* — *Alphonsine,* — Marie et Louise, le 18 juillet 1641 le tout situé au dit lieu de Beaurepaire.

Item, le petit moulin de la Roche, à Vernou, alors tenu à ferme par Jean Buffeteau, meuniez demeurant à Marangy.   (S. 285.)

31 mars 1487

Par-devant Jacquet et Audry, notaires à Paris, le chapitre N.-D. bailla à cens à Guillaume Lépicier, écuyer, l'Hostel de Beaurepaire et dépendances, le tout contenant 266 arpents en la parroisse de Vernou moyennant 4 liv. 10 s. t. de cens et 8 liv. t. de rente.

(S. 285.)

Le 18 juillet 1618, Samuel De Val, escuyer, seigneur de Grassot et de Beaurepaire passe déclaration au terrier de Vernou, du lieu et maison de Beaurepaire, consistant en batiments, clos, vignes, terres, bois, pâtures, haies, fossés et buissons, le tout contenant 130 arpents.

(S. 285.)

Damoiselle Marie Françoise d'Arremond fille majeure, héritière de dame Jeanne Vaumiert, veuve de feu Me Jean d'Arremond en son vivant officier des chasses dans la capitainerie royale de Fontainebleau, demeurant « en sa maison bourgeoise » de Beaurepaire donne déclaration des héritages qu'elle tient en censive du chapitre à cause de sa seigneurie de Vernou (1747).

(S. 285.)

« Par contrat passé devant M° Bérault, notaire à Moret, le 7 sept. 1774, appert sieur François Joiseau, huissier roial et damoiselle Marie-Catherine Haroux, son épouse, demeurant à Séricy, ladite demoiselle Haroux non commune en biens avec ledit sieur Joiseau et auparavant son second mariage, veuve et commune en biens de sieur Pierre *Pane*, son premier mary, décédé concierge du chasteau de Champigny en la Grand'-Parroisse, et encore comme donataire mutuelle par iceluy de l'usufruit de tous les biens, meubles, immeubles, acquets, conquets, propres et autres qui se sont trouvés luy appartenir au jour de son décès, suivant le contrat de mariage passé devant M° Prévost, notaire à Paris, le 31 janvier 1749.

Avoir vendu à Messire Louis Cardinal de Beaurepaire, écuyer, gentilhomme servant de la reine, demeurant ordinairement au fauxbourg du Pont de Moret, parroisse d'Ecuelles, présent et acceptant:

Sçavoir 4 arpents, 25 perches de bois taillis sur lesquels il y a plusieurs baliveaux ensemble la superficie, le tout à la mesure pour perche de l'ordonnance des Eaux et Forêts, en 3 pièces:

1° Deux arpents et demy, situés sur la seigneurie de Vernou, lieu-dit le Buisson des Bernières, ladite pièce, traversée par la route royalle, tenant du levant à M. Moron, sgr de Valence et à M. le Comte d'Aumale, aiant épousé Mlle de Cosincourt, du couchant au hache audit sieur d'Aumale, aboutissant du Midy et du Septentrion sur le dit sieur d'Aumale.

2° Un arpent, 25 perches, au lieu d'un arpent et demy porté par erreur au contrat d'acquisition dont sera cy-après parlé, situé audit lieu.

3° Un demy-arpent, mesme seigneurie, lieu-dit le bois des boulleaux.

(Arch. Nation., S. 281.)

DOCUMENTS

CONCERNANT

Françoise Darrémond, épouse de Monsieur de Marle,
sœur de Jean Darrémond, propriétaire de Beaurepaire, mort en 1719 en ce lieu, et enterré à
Vernou.

MACHAULT

Par-devant Joseph-Mathieu Maignen, notaire royal au
bailliage de Montereau, résident à Valence-en-Brie, commis par sentence d'entérissement des lettres de terrier
obtenues en la chancellerie du palais à Paris le 25 janvier dernier, ladite sentence en date du 17 février aussi
dernier, et ce, pour la confection du papier terrier de la
Seigneurie de Machau-en-Brie, fut présente Dame Françoise Darremond, épouse non commune en biens du
Sieur De Marle, ladite dame demeurante à Machau-en-
Brie, qui déclara posséder en la censive du chapitre N.-D.
de Paris, seigneur de Vernou, Machau et autres lieux,
à cause de leur dite seigneurie de Machau :

1° La ferme et métairie consistante en son grand corps
de logis, composé d'une cuisine, salle et chambres au-
dessus, une autre chambre à côté, grenier au-dessus,
laiterie vis-à-vis des logis ci-dessus, une petite cour entre

deux, écurie, vacherie, bergerie, grange à bled et à avoine, un bûcher et cave dessous, colombier de pied, poullaillier, toits à porcs, grande cour, deux grandes portes charretières, l'une sur la grande rue et l'autre sur le parc ci-après déclaré, foullerie, grenier au-dessus ; tous lesdits bâtiments couverts de tuiles et derrière le colombier est un jardin d'environ 1 arpent ; lad. cour et jardin enclos de murailles avec un parc derrière lesdits bâtiments de lad. ferme, enclos de hayes vives, contenant environ 20 arpents, tenant le tout d'une part sur la grande rue de Machau, d'autre part et des deux bouts à des voiries et chemins et situés sur la seigneurie dudit lieu ; dans lequel parc il y a plusieurs grands arbres fruitiers, duquel parc a été détaché un jardin pour le fermier.

Item, 20 arpents environ de terre, même lieu, lieu dit le chemin entre deux.

Item, 24 arpents, terre et pâture (la pièce de Soucy).

Item, 1 arpent (au pré Foigné).

Item, 7 arpents (la pièce de la Demoiselle).

Item, 10 arpents (la pièce de la Dame).

Item, 9 quartiers (sur la butte de Machau).

Item, 1 arpent ou environ, sur ladite butte de Machau.

Item, 3 arpents proche ledit lieu.

Item, 10 arpents au lieu dit les Vendanges.

Item, 3 arpents proche le moulin à vent de Villiers.

Item, 1 arpent de terre audit lieu.

Item, 3 arpents à la Fosse aux Anes.

Item, 7 arpents de terre (la pièce aux héros).

Item, 6 quartiers au même lieu.

Item, demi-arpent au même lieu de Machau.

Item, 3 arpents près les Vieux-Prés.

Item, 6 arpents (la pièce du noyer de l'église).

Item, 1 arpent sis au même lieu.

Item, 6 quartiers de terre aux marais des Marchais.

Item, 1 arpent, au même lieu.

Item, un demi-arpent de terre, situé au fief des Carneaux.

Item, un demi-arpent sis au même lieu.

Item, 2 arpents aussi de terre, lieu dit la Gnignottière.

Prés.

Item, 2 arpents au bois de Boissy.

Item, 3 arpents (le Pré de Chevry).

Item, 1 arpent et demi de pré (Aux Vieux Prés).

Reconnaissant ladite Dame Darremond de Marle que lesdits héritages sont chargés envers les dits seigneurs de Machau d'un sol de cens par arpent ; ce qui fait pour ladite quantité la somme de 6 l. t. 17 s. 3 d. ;

— Appartenant à ladite dame reconnaissante au moyen de la sentence d'adjudication par décret qui lui en a été faite, rendue à la barre de la cour, par-devant M. Claude Melion, conseiller du roy en la cour de Parlement et troisième chambre des enquêtes, moyennant la somme de 9,000 livres t. compris le fief de Boissy et les terres qui relèvent de la seigneurie de Villiers-Chappuis ; ladite sentence d'adjudication en date du 14 mai 1718.

Lesquels cens portant droit de lods et ventes, saisine, défaut, amendes et autres droits établis en lad. seigneurie de Machau, que ladite reconnoissante promet payer aux dits seigneurs en leur demeure, ou à leur receveur, au chateau dudit Machau, par chacun an le jour de Saint-Nicolas d'Hiver..., reconnoissant en outre ladite Dame que les dits seigneurs de Machau ont droit de haute, moyenne et basse justice, de confiscation, épaves, aubaines, deshérence, rouage, aulnage, fouage, prisage de tous biens, mesurage, étalonage, droit de verra et taureaux bouveaux, four aussi banal, greffe, tabellionnage dans l'étendue de ladite justice de Machau, les dixmes de grains, grosses et menues à raison de la 13e gerbe(aussi pour celle de luzerne et filasse, aussi à raison de la 13e gerbe, et poignée auxquels ladite Dame reconnoissante promet satisfaire, affirmant la présente déclaration véritable (1747, 8 mai).

(A. Nat., S. 281.)

NOTES

———

Nous trouvons dans beaucoup de textes concernant Argeville, Beaurepaire et autres lieux, la dénomination « d'Hôtels » donnée aux maisons alors existantes. Ce mot « Hostel » indique qu'il y avait en ces localités une maison d'habitation assez confortable et assez spacieuse, pour se différencier complètement des habitations environnantes. Mais il n'y avait là ni travaux de défense, ni fortifications.

———

Les noms de lieux : « Ferme de l'Argenterie », « Bois des Rois », doivent évidemment leur origine à des faits assez menus la plupart du temps, et qu'il est impossible de connaître si la tradition orale, les renseignements des habitants n'en ont pas gardé le souvenir. Néanmoins, il serait assez raisonnable de voir l'origine du premier vocable dans la découverte d'un trésor ou d'une cachette. Peut-être aussi ce terme veut-il indiquer la fertilité du terrain environnant et la prospérité de cette ferme.

Il est certain, en effet, que toutes les fermes qui s'appellent « La Folie », rappellent le souvenir d'une tentative désastreuse d'exploitation agricole, d'un insuccès survenu pour telle ou telle raison.

La contre-partie telle que l'Argenterie devait donc indiquer une terre riche fournissant de belles récoltes.

Quant au *Bois-des-Rois*, situé près de l'Argenterie, son nom rappellerait une entrevue de monarques ou plus raisonnablement les droits de propriété possédés sur ce bois par la couronne, à une époque ou une autre.

TABLE DES MATIÈRES

VERNOU-EN-BRIE

ARGEVILLE

ERRATA

———

MELUN. — IMPRIMERIE E. LEGRAND

RUE BANCEL, 23